Holger Mittelstädt | Ferdinand Tewes

99 Tipps
Unterrichtsvorbereitung

Holger Mittelstädt ist Schulleiter und Schulentwicklungsberater in Brandenburg. Er unterrichtet die Fächer Musik und Deutsch. Darüber hinaus ist er in der Lehrer- und Schulleiterfortbildung tätig sowie Autor zahlreicher Veröffentlichungen zum Thema Unterrichts- und Schulmanagement.

Ferdinand Tewes arbeitet seit zwanzig Jahren als Klassenlehrer an einer Berliner Realschule. Er unterrichtet Geschichte, Biologie und Sport, ist Lehrervertreter in Zweiten Staatsprüfungen und Kontaktlehrer für Suchtprävention.

Holger Mittelstädt | Ferdinand Tewes

99 Tipps
Unterrichtsvorbereitung

Projektleitung: Dorothee Weylandt, Berlin
Redaktion: Birte Meyer, Berlin
Umschlaggestaltung: Magdalene Krumbeck, Wuppertal
Layout/technische Umsetzung: Julia Walch, Bad Soden
Die Reihenkonzeption wurde von Cornelia Colditz und Claudia Kahlenberg im
Rahmen eines studentischen Wettbewerbs im Studiengang Verlagsherstellung an der
HTWK Leipzig (www.verlagsherstellung.de) unter Leitung von Julia Walch, Bad Soden,
entwickelt.

www.cornelsen.de

Nicht in allen Fällen war es uns möglich, die Rechteinhaber ausfindig zu machen.
Berechtigte Ansprüche werden selbstverständlich im Rahmen der üblichen Vereinba-
rungen abgegolten. Wir bitten um Verständnis.

Die Links zu externen Webseiten Dritter, die in diesem Titel angegeben sind, wurden
vor Drucklegung sorgfältig auf ihre Aktualität geprüft. Der Verlag übernimmt keine
Gewähr für die Aktualität und den Inhalt dieser Seiten oder solcher, die mit ihnen
verlinkt sind.

1. Auflage 2012

© 2012 Cornelsen Verlag, Berlin

Druck: CPI – Clausen & Bosse, Leck

ISBN 978-3-589-23284-0

 Inhalt gedruckt auf säurefreiem Papier aus nachhaltiger Forstwirtschaft.

Inhaltsverzeichnis

ABLÄUFE OPTIMIEREN

VON DER ROUTINE ABWEICHEN

Auf alles vorbereitet sein

Unterrichtsmaterialien recherchieren

Mit Freude bei der Sache sein

Einen guten Einstieg finden

Unterrichten und auswerten

„Glück ist, was passiert, wenn Vorbereitung auf Gelegenheit trifft." (*Lucius Annaeus Seneca*)

Die Gelegenheit, dieses Glück zu erleben, bietet sich Ihnen mit jedem Schultag aufs Neue. Allerdings kann die Vorbereitung für einen Tag mit sechs oder sieben Stunden Unterricht für Anfänger schnell zu einem Horrorszenario werden (*„Wie soll ich das bloß alles schaffen?"*), während erfahrene Kollegen Gefahr laufen, durch den schnellen Rückgriff auf Altbewährtes (*„Da hab' ich doch noch diesen Arbeitsbogen …"*) ihre Offenheit zu verlieren und damit Chancen ungenutzt zu lassen. Aber sowohl der Panik vor der drohenden Arbeitsüberlastung, als auch der Gefahr des Erstarrens in Routinen und Langeweile können Sie erfolgreich begegnen.

Unterricht kann und sollte Spaß machen und zwar nicht nur Ihren Schülern, sondern auch Ihnen. Eine gute Vorbereitung ist dafür zwar keine Garantie, aber eine wichtige Voraussetzung. Gemeint ist hier nicht die konkrete Planung von Einzelstunden oder Unterrichtseinheiten, sondern es geht um all die inhaltlichen, organisatorischen, logistischen und motivatorischen Aspekte, welche der einzelnen Stundenplanung zugrunde liegen, sie begleiten und letztlich überhaupt erst ermöglichen.

Wenn Sie sich beispielsweise inhaltlich nicht ausreichend mit den anzustrebenden Kompetenzen oder den Voraussetzungen Ihrer Lerngruppe auseinandergesetzt haben, werden Ihre Schüler Ihnen auf dem geplanten Weg nicht folgen. Wenn Sie sich selbst, Ihr Material und Ihre Arbeitsabläufe nicht gut genug organisiert und das Auffinden von Materialien, Medien, Ideen und Möglichkeiten nicht effizient genug gestaltet haben, werden Sie eine Menge Energie verschwenden, die Sie an anderer Stelle dringend benötigen. Wenn Sie schließlich sich selbst und Ihren persönlichen Ressourcen in Hinblick auf Kraft, Energie und Motivation nicht genügend Beachtung geschenkt haben, können Sie auf Dauer nicht erfolgreich unterrichten und aus Lust wird schließlich Frust.

Damit das nicht geschieht, haben wir in diesem Buch eine Vielzahl von in der Praxis bewährten Strategien und Tipps zusammengestellt, die es Ihnen ermöglichen, das Verhältnis von Aufwand und Nutzen bei Ihren Unterrichtsvorbereitungen zu optimieren. Damit sollten Ihnen dauerhaft genug Kraft und Motivation zur Verfügung stehen, um sich auf das Wesentliche konzentrieren zu können: auf Ihre Schüler und den Unterricht.

Zehn Kapitel umfasst dieses Buch. Im ersten Kapitel werden die Grundlagen für eine erfolgreiche Unterrichtsvorbereitung gelegt. Gute Voraussetzungen dafür werden mit der Organisation des Arbeitsplatzes geschaffen.

Unterricht sollte nicht von heute auf morgen geplant werden, denn nur eine langfristige Planung garantiert Sicherheit und Entspannung im Alltagsstress. Dazu finden Sie Tipps im zweiten Kapitel.

Die Basis für Ihre Vorbereitung liefern die in der Schule zur Verfügung stehenden Materialien sowie formale Anforderungen wie Rahmenpläne. Mit diesen müssen Sie sich vertraut machen. Wie? Das lesen Sie im dritten Kapitel.

Unterrichten ist immer wieder neu und doch auch immer wieder gleich. Bestimmte Abläufe können Sie durch die im Kapitel vier beschriebenen Routinen vereinfachen.

Kreative Hinweise für immer neue Ideen zur Unterrichtsvorbereitung finden Sie im Kapitel „Von der Routine abweichen".

Kapitel sechs wird Ihnen weiterhelfen, wenn Sie es, vielleicht bedingt durch ein ungünstiges soziales Schulumfeld, mit schwierigen Gruppen zu tun haben. Wie Sie mit diesen Schülern gut arbeiten und den Schultag bewältigen, erfahren Sie hier.

Auch wenn Sie Ihre Materialien für die Unterrichtsvorbereitung noch so gut sammeln und archivieren, trotzdem werden Sie Ihr Leben lang auf der Suche nach anderen und neuen Quellen sein. Dazu finden Sie Tipps im Kapitel „Unterrichtsmaterialien recherchieren".

Durchhalten ist nicht immer leicht, besonders wenn es bis zu den nächsten Ferien noch neun Wochen sind. Wie Sie es trotzdem schaffen können, verraten die Tipps in Kapitel acht „Mit Freude bei der Sache sein".

Gelingt Ihnen der Einstig in eine Stunde gut, ist das meist schon die halbe Miete. Deswegen beschäftigt sich das vorletzte Kapitel mit unterschiedlichen Ideen für einen gelungenen Unterrichtseinstieg.

Abschließend geben wir Ihnen Hinweise zur Gestaltung des Unterrichtsendes, zu Hausaufgaben und zur Auswertung von Unterricht. Schließlich bedeutet das Ende einer Stunde, dass eine neue folgt.

Für die Arbeit mit Ihren Schülern, für Ihren Unterricht wünschen wir Ihnen mithilfe dieses Buches gutes Gelingen, Erfolg und persönliche Zufriedenheit.

Holger Mittelstädt
Ferdinand Tewes

PS: Aus Gründen der besseren Lesbarkeit wird in diesem Buch durchgehend die männliche grammatische Form verwendet. Natürlich sind damit auch immer Frauen und Mädchen gemeint, also Lehrerinnen, Schülerinnen usw.

10 Top-Tipps ... Die Lieblingstipps der Autoren!

8 Stehsammler für Besonderes anlegen

12 Für jede Klasse einen Ordner anlegen

31 Referate – keine große Hilfe?

34 Der Stundenzettel

44 Einstiege variieren

62 Probleme erfassen

65 Wikipedia

79 Mit der Pomodoro-Technik arbeiten

86 Still diskutieren

91 Hausaufgaben „verpacken"

Was viele wohlmeinende Zeitgenossen vergessen, wenn sie vom „Halbtagsjob" des Lehrers sprechen, ist die Tatsache, dass Sie an Ihrem häuslichen Schreibtisch fast genauso viel Zeit verbringen wie vor der Klasse. Deshalb sollten Sie diesem Teil Ihres Arbeitsplatzes auch die Aufmerksamkeit widmen, die er verdient hat (Tipp 2). Dabei geht es ausnahmsweise einmal nicht um Effizienz, sondern darum, Ihren Arbeitsplatz so zu gestalten, dass es Spaß macht, an ihm zu arbeiten. Dass dieser Platz ausschließlich Ihnen gehört und so eingerichtet ist, dass Sie nicht ständig gestört oder abgelenkt werden, versteht sich dabei von selbst.

❭Tipp 2

Aber: „Eine vollkommene Ordnung wäre der Ruin allen Fortschritts und Vergnügens." *(Robert Musil)* Gestatten Sie sich also an Ihrem Arbeitsplatz ganz bewusst auch einige Elemente, die nichts mit Schule und Unterricht zu tun haben, zumindest nicht mit Ihrer tagesaktuellen Situation. Bereichern Sie ihn durch Dinge, an denen ihr Herz hängt und die Ihnen in Momenten, in denen Sie überhaupt nicht mehr weiter wissen oder in denen Sie völlig erschöpft oder frustriert sind, neue Kraft und Energie verleihen bzw. es Ihnen ermöglichen, sich für einen kurzen Augenblick gedanklich aus dem Tagesgeschäft zurückzuziehen (Tipp 99).

Auch mal abschalten!

❭Tipp 99

Gleich mal ausprobieren

Die Klassiker sind natürlich eine Zimmerpflanze und Fotos Ihrer Lieben. Aber was wir meinen, geht darüber hinaus. Betrachten Sie Ihren Schreibtisch wie ein Innenarchitekt. Gibt es Platz für ein Foto von Ihnen in einer Schul- oder Klassensituation, das Sie so zeigt, wie Sie sich sehen wollen? Gibt es dekorative Schülerarbeiten, die eine besonders positive Bedeutung für Sie haben? Oder, für die ganz schweren Momente, einen Dankesbrief von Eltern (so etwas soll es geben)? Hilfreich sind auch kleine Dinge, die haptisch ansprechend sind, weil sie einfach nur gut in der Hand liegen und eine beruhigende Wirkung ausüben. Das kann ein schön geformter Stein sein oder einfach nur ein kleines Stofftier.

2 DIE ARBEITSUTENSILIEN ORGANISIEREN

Kaum etwas kostet Sie langfristig betrachtet mehr Zeit und Nerven, als ein Arbeitsplatz, der nicht ideal auf Sie und Ihre Bedürfnisse zugeschnitten ist. Sei es, weil Sie nicht alles, was Sie benötigen auch sofort finden können, weil Dinge, die Sie tagtäglich mehrfach benutzen, sich nicht in Griffweite befinden oder weil Sachen einfach verschwinden (Tipp 3, 9). Dieser Sand im Getriebe lässt sich mit wenig Aufwand dauerhaft entfernen:

>Tipp 3, 9

Materialfundus

- Bauen Sie für sich einen Fundus von verschiedenen Lehrbüchern zum selben Thema auf. Bei der konkreten Unterrichtsplanung merkt man häufig, dass das in der Schule benutzte Lehrbuch bei bestimmten Inhalten nicht optimal ist und sucht dann nach besseren Darstellungen des Themas (Tipp 68). Da alle Schulbuchverlage verbilligte Lehrbücher für Lehrer anbieten und mehr als drei bis vier Schulbücher pro Thema kontraproduktiv sind, ist diese Ausweitung der eigenen Möglichkeiten durchaus sinnvoll und auch finanzierbar.

>Tipp 68

- Alle Utensilien, die Sie mehrfach am Tag benötigen (z. B. Locher, Textmarker, Folien) müssen sich in der unmittelbaren Reichweite Ihres Schreibtischstuhls befinden. Wie bei einer guten Einbauküche geht es einfach darum, dass keinerlei zusätzliche Laufwege anfallen.

- Halten Sie Ihr Ordnungsprinzip unbedingt ein. Alle Materialien müssen nach ihrer Benutzung den Weg zurück in die von Ihnen gewählte Art der Registratur finden (Tipp 5). Ansonsten baut sich innerhalb kürzester Zeit ein Berg von kaum mehr nutzbarem „Müll" auf, der Sie jedes Mal, wenn Sie sich an den Schreibtisch setzen, aufs Neue frustriert.

>Tipp 5

- Legen Sie eine Zwischenablage an. Als Lehrer wird man jeden Tag mit Informationsmaterial aller Art bombardiert. Das meiste davon kann sofort in den Papierkorb wandern. Aber einiges lohnt einen zweiten Blick. Damit es Ihren Schreibtisch nicht überschwemmt, wandert es zuerst in die Zwischenablage (Tipp 8).

>Tipp 8

Achtung!

- Nutzen Sie den Schuljahreswechsel für eine Inventur. Ein Kraftakt, der sich lohnt. Egal, ob Hängeregistratur, Festplatte oder Ordner, schmeißen Sie alles raus, was Sie schon länger nicht benutzt haben. So gewinnen Sie nicht nur Platz, sondern auch einen besseren Überblick.

Inventur

KONSEQUENT ORDNUNG HALTEN

3

Ohne Konsequenz geht gar nichts, wenn Sie effektiv arbeiten möchten. Das gilt für den Unterricht genauso wie für die Unterrichtsvorbereitung.

Drohen Sie Ihren Schülern, sie müssten einen langen Text abschreiben, wenn sie nicht augenblicklich leise wären und halten sich dann nicht daran, werden Sie es später schwer haben, glaubwürdig zu erscheinen und sich durchzusetzen. Denn nur wer sich im Umgang mit seinen Schülern konsequent an Regeln und Abmachungen hält und deren Beachtung auch von anderen einfordert, wird als Lehrer akzeptiert und schließlich erfolgreich sein.

Genauso verhält es sich mit der Ordnung am Arbeitsplatz – egal ob zu Hause oder in der Schule. „Das hefte ich später ab" oder „Ich habe jetzt keine Zeit" führt auf dem Schreibtisch unweigerlich über kurz oder lang zur Stapelbildung, zur Unübersichtlichkeit und zum Chaos (Tipp 9).

Egal, mit welchem System Sie arbeiten, ein Ordnungssystem funktioniert nur, wenn es konsequent angewendet wird. Und Konsequenz bedeutet nicht, drei Wochen durchzuhalten, um es danach wieder schleifen zu lassen! Aber zum Glück: Konsequent zu sein kann man trainieren!

Keine Stapel

❯ Tipp 9

Gleich mal ausprobieren

Setzen Sie sich eine Frist in etwa einem Monat. Bis zu diesem Termin versuchen Sie, einen der hier vorgeschlagenen Tipps konsequent umzusetzen. Legen Sie am besten schon heute fest, womit Sie sich ganz konkret an diesem Tag belohnen werden, wenn Sie durchgehalten haben (Tipp 74, 99). Das motiviert zusätzlich.

❯ Tipp 74, 99

Haben Sie durchgehalten? Prima, dann machen Sie so weiter und legen einen neuen Termin fest, bis zu dem Sie durchhalten wollen, allerdings nicht in einem Monat, sondern in sechs oder acht Wochen. So einfach trainieren Sie Konsequenz.

4 MATERIALSAMMLUNG ORDNEN

Unterricht ist immer eine Materialschlacht. Arbeitsblätter, Lesetexte, Bilder, Folien, Fragenkataloge werden im Unterricht eingesetzt. Viele Arbeitsmaterialien werden mühevoll und unter großem Aufwand durch Sie selbst erstellt, andere nach langem Suchen in Internet-Materialbörsen, in Büchern und auf Bildungsmessen gefunden (Tipp 66, 68, 72, 73).

❯ Tipp 66, 68, 72, 73

Es lohnt sich, diese Materialien, die im eigenen Unterricht bereits benutzt wurden oder modifiziert irgendwann einmal eingesetzt werden könnten (Tipp 43), strukturiert zu sammeln. Besonders für Lehrer-Anfänger und Referendare ist es wichtig, Materialien von Anfang an gut sortiert abzulegen, denn im Laufe eines Lehrerlebens sammelt sich ganz schön viel an.

❯ Tipp 43

Material muss sortiert werden, um die Unterrichtsvorbereitung effizient organisieren zu können. Im Vorbereitungsdienst bzw. Referendariat unterrichtet man maximal etwa zwölf Unterrichtsstunden pro Woche. Als Lehrer mit voller Stelle können es dann auch mal bis zu 28 oder mehr Stunden sein, die alle vor- und nachbereitet werden wollen (und sollen).

Gleich mal ausprobieren

Sinnvollerweise wird für jedes zu unterrichtende Fach und jede Klassenstufe zunächst mindestens ein breiter Aktenordner angelegt. In der Regel sind Aktenordner ungefähr acht Zentimeter breit, d. h. man benötigt bei zwei Fächern in vier Klassenstufen ein Regalbrett von 70 Zentimetern Länge. Bei Themen, die sich durch mehrere Jahrgangsstufen ziehen und immer wieder berührt werden (z. B. in Biologie: Der menschliche Körper, in Deutsch: Sprachliche Mittel oder in Musik: Tonarten und Tonleitern), können auch thematisch und nicht an Klassenstufen orientierte Aktenordner angelegt werden.

EINE REGISTRATUR AUFBAUEN

5

Es gibt für einen Lehrer kaum etwas Schlimmeres, als zu wissen, dass man das perfekte Material für eine bestimmte Stunde hat, es aber dann partout nicht finden kann. Mit wachsender Verzweiflung durchwühlt man seine Unterlagen, verflucht sich selbst und das Schicksal, um endlich völlig frustriert irgendetwas zu planen, von dem man weiß, dass es maximal die zweitbeste Lösung ist (Tipp 4). Damit das nicht passiert, sollten Sie sich ganz genau überlegen, was für eine Art von Ordnung für Ihre Unterrichtsmaterialien am besten geeignet ist. Bedenken Sie dabei, dass dieses Ordnungsprinzip Sie mit großer Wahrscheinlichkeit Ihr ganzes Arbeitsleben lang begleiten wird. Denn eine einmal eingeführte Art der Registratur wieder aufzulösen, ist eine Herkulesaufgabe, der man sich im späteren Berufsalltag nur ungern stellen möchte.

> ❯ Tipp 4

Ordnungsprinzip wählen

Das am häufigsten verwendete Ordnungsprinzip, ist eine Sortierung nach Fächern und innerhalb dieser Fächer nach Klassenstufen und Unterrichtseinheiten.

Natürlich können Sie größere Unterrichtseinheiten auch noch weiter unterteilen oder kleinere unter einem gemeinsamen Oberthema zusammenfassen.

Ordner, Hänge-registratur oder Festplatte

Ordner haben den Nachteil, dass sie irgendwann voll sind, relativ viel Platz wegnehmen und das Öffnen und Schließen ziemlich umständlich und damit zeitaufwändig ist. Eine Registratur ausschließlich auf der Festplatte birgt die Gefahr, bei einem Hardwareproblem unter Umständen alle Daten zu verlieren. Denn wer macht schon regelmäßig ein Back-up? Außerdem haben Sie das große Problem, dass Sie viele Dokumente auf Ihrem Monitor wahrscheinlich erst einmal öffnen müssen, weil Sie nur aufgrund des Dateinamens nicht mehr genau wissen, was diese Datei eigentlich enthält. Zu empfehlen ist daher eine Kombination aus Hängeregistratur und Festplatte.

Der große Vorteil der Hängeregistratur besteht darin, dass sie einen schnellen Zugriff auf die Materialien (Arbeitsbögen, Folien, Klassenarbeiten, Tafelbilder usw.) erlaubt und leicht zu erweitern ist. Außerdem haben Sie im wahrsten Sinne des Wortes von oben den Überblick über alles, was zu einer bestimmten Unterrichtseinheit gehört und laufen nicht Gefahr, bestimmte Materialien immer wieder zu übersehen, weil sie im Ordner weiter hinten eingeheftet wurden oder weil Sie keine Lust oder Zeit hatten, alle auf der Festplatte gespeicherten Dateien zum Thema zu öffnen.

Um die Ecke gedacht

Natürlich bleibt die Festplatte aufgrund der Tatsache, dass sie alle am PC erstellten Unterrichtsmaterialien bereits enthält, immer zumindest Teil Ihrer Registratur.

6

Um sich in seinen selbst abgelegten und archivierten Materialien wirklich gut und schnell zurechtzufinden, ist es hilfreich, sich ein einfaches digitales Medienverzeichnis zu erstellen. Keine Angst, dazu müssen Sie kein Datenbank-Spezialist sein. Es geht ganz leicht.

Medienverzeichnis

Für die elektronische Archivierung verwenden Sie ein Textverarbeitungs- oder ein Tabellenkalkulationsprogramm.

Jedes Arbeitsblatt, jeder Text, jede Klassenarbeit, einfach alles, was Sie in Ihrem privaten Unterrichtsarchiv ablegen, bekommt eine fortlaufende Nummer. Für diese Archivierungsform müssen Sie nicht einmal unterschiedliche Ordner für Fächer, Themen oder Klassenstufen anlegen.

Sie legen sich eine Tabelle an, in der Sie jedes Arbeitsblatt, das Sie in einem Ihrer Archiv-Ordner haben, mit einer fortlaufenden Nummer versehen. Das ermöglicht es Ihnen, mit der Suchfunktion Ihres Programms bequem Materialien zu recherchieren. So könnte die Tabelle aussehen:

Nr.	Fach	Thema	Unterthema	Stichwörter	Klasse	Bemerkungen

Um die Ecke gedacht

Sammeln Sie Ihre Materialien am besten in Klarsichtfolien, auf denen Sie die entsprechende Nummer z. B. mit einem wasserfesten Folienschreiber verzeichnen. Dafür können Sie auch eine kleine Systematik entwickeln, z. B. Fach-Klasse-Thema-Nummer: Mu-09-Sonate-003 bedeutet dann, es handelt sich um ein Arbeitsblatt für das Fach Musik in der neunten Klasse, zum Thema „Die Sonate". In der Sammlung zum Thema ist es das dritte Blatt.

7 DAS BÜCHERREGAL ORDNEN

Um gut auf die Materialien zur Unterrichtsvorbereitung zugreifen zu können, empfiehlt es sich, sein eigenes Bücherregal einmal durchzusortieren und dabei gleich gründlich auszumisten.

Achtung!

Auf jedem einzelnen Regalbrett sollte nach der Aufräumaktion mindestens ein Drittel frei bleiben, um später Bücher hinzusortieren zu können und besseren Zugriff auf die einzelnen Bücher zu haben. So können Sie sicher sein, dass nicht schon das nächste Buch, das in einer Kategorie neu hinzukommt, oben auf die anderen Bücher quer gelegt werden muss.

Da sich im Verlauf des Lehrerdaseins sehr viele unterschiedliche Schulbücher in einem Unterrichtsfach ansammeln, empfiehlt es sich, diese zunächst nur nach Klassenstufen zu sortieren. Um den Zugriff auf die Schulbücher zu vereinfachen, kann z. B. den Schulbüchern für die 5. und 6. Klasse ein roter Punkt auf den Rücken geklebt werden, denen für die 7. und 8. Klasse ein gelber und denjenigen für die 9. und 10. Klasse ein grüner.

Systematik entwickeln Diese Systematik kann auch bei allen weiteren Materialien (Arbeitshefte, Lektüre usw.) angewendet werden.

Um die Ecke gedacht

Wenn man ganz viel Zeit hat, sollte man die Themen der Schulbücher mit Seitenangabe auch in sein elektronisches Archiv aufnehmen (Tipp 6).

❯ Tipp 6

STEHSAMMLER FÜR BESONDERES ANLEGEN

8

Manchmal fallen einem Dinge in die Hände, die man ganz toll findet, für die man aber zurzeit leider überhaupt keine Verwendung oder Zeit hat. Irgendwann später könnte man sich jedoch wieder damit beschäftigen.

Für solche Fälle ist es sinnvoll, sich einen Stehsammler anzulegen, in dem man gute Ideen, interessante Zeitungsartikel und Prospekte von spannenden Projekten oder Materialien sammelt. Gute Einfälle, die Sie selbst haben, halten Sie mit wenigen Worten auf farbigen Blättern fest und legen diese auch im Stehsammler ab.

Ideensammlung

Gleich mal ausprobieren

Einmal im Jahr nimmt man sich den Stehsammler vor und sieht die Materialien durch. Das könnte z. B. immer zwischen Weihnachten und Neujahr sein. So kann man mit guten, neuen Ideen ins nächste Jahr starten. Nach folgenden Gesichtspunkten könnte man vorgehen:

1. Was kann in den Papierkorb, weil es eventuell nach einem zweiten Nachdenken doch nicht mehr so interessant ist, wie es auf den ersten Blick aussah?

2. Was bleibt im Stehsammler, weil „seine Zeit" noch nicht gekommen ist?

3. Welche Materialien landen direkt auf dem Schreibtisch, weil sie unbedingt in naher Zukunft verwirklicht werden sollten? Für diese Vorhaben setzen Sie sich am besten gleich eine Frist, notieren diese in Ihrem Kalender und schreiben sie zur Sicherheit auch auf einen gelben Klebezettel, den Sie auf dem Material befestigen.

Um die Ecke gedacht

Statt eines Stehsammlers können Sie auch ein kleines, feines Notizbuch führen, in dem Sie sich Ihre Ideen für die Zukunft notieren (Tipp 49).

Dieses Büchlein sollte man stets bei sich führen, um es immer dann griffbereit zu haben, wenn ein guter Einfall naht.

▶Tipp 49

9 FÜR VOLLTISCHLER

Ihr Schreibtisch ist ständig überfüllt, Sie legen immer nur alles einfach irgendwo auf Stapeln ab? Zwar finden Sie das meiste, aber brauchen dafür ziemlich lange, und so manches gerät Ihnen gelegentlich aus dem Blick?

Dann lassen Sie sich gesagt sein: Volltischler werden niemals zu Leertischlern (Tipp 10)! Aber auch Volltischler können lernen, ihr kreatives Chaos in den Griff zu bekommen.

> **❯ Tipp 10**

Keine Stapel mehr! Eventuell gelingt es Ihnen ein- oder zweimal im Jahr, Ihren Schreibtisch komplett aufzuräumen, meist am Ende der Sommerferien, aber kurze Zeit später ist alles wieder beim unübersichtlichen Alten? Nehmen Sie sich ab sofort vor, jedes Blatt nur noch einmal in die Hand zu nehmen. Das sollte eigentlich dazu führen, dass Sie etwas mehr Übersichtlichkeit auf dem Schreibtisch haben. Ab sofort ist es verboten, Stapel zu bilden. Es geht viel schneller, ein Dokument sofort abzuheften und dann schnell wiederzufinden, als alle paar Wochen oder Monate einen riesigen Stapel zu durchsuchen und abzuheften.

Gleich mal ausprobieren

> **❯ Tipp 3**

Arbeiten Sie absolut konsequent (Tipp 3), solange der Stapel noch da ist: Der Stapel bleibt an seinem Platz liegen, man nimmt nur das erste, oberste Blatt in die Hand. Jetzt kümmert man sich nur um dieses Blatt. Kann es in den Müll (oft die beste Lösung)? Beinhaltet es irgendeine Aufgabe, die (sofort) erledigt werden sollte? Dann entweder sofort erledigen oder in die „Zu erledigen"-Ablage. Kann es irgendwo abgeheftet werden? Dann sofort lochen und abheften.

10

„Wenn ein unordentlicher Schreibtisch auf einen unordentlichen Geist hinweist, worauf deutet dann ein leerer Schreibtisch hin?" *(Albert Einstein)*

Sie haben Ihr Chaos im Griff und auf dem Schreibtisch liegt nichts rum? Bei Ihnen hat jedes Ding seinen festen Platz. Es braucht nichts aufgeräumt zu werden, weil alles sofort nach Benutzung wieder an seinen Ort zurückgelegt wird (Tipp 9). ❯ Tipp 9
Herzlichen Glückwunsch!

Gleich mal ausprobieren

1. Erzählen Sie Ihren Kollegen davon, wie Sie bei der Bewältigung Ihrer Aufgaben vorgehen.
2. Erlauben Sie sich gelegentlich ein kleines Chaos – das setzt Kreativität frei.

Schaffen Sie auf Ihrem Schreibtisch, in einer Schublade oder in Ihrem Bücherregal einen Platz, an dem Sie sich erlauben, Dinge zu sammeln, die nicht in eine bestimmte Ordnung passen. Das können Prospekte, Postkarten, Zeitungsartikel oder irgendein beliebiger Kleinkram sein, auch Erinnerungsstücke, die Sie eigentlich nicht brauchen, von denen Sie sich aber nicht trennen können. Schaffen Sie sich in Ihrer Ordnung also ein kleines, vielleicht für den Betrachter gar nicht sichtbares Chaos. Wenn Sie dann einmal eine neue, kreative Idee für Ihren Unterricht brauchen, jemanden mit einer Kleinigkeit überraschen wollen oder einfach nur in angenehmen Erinnerungen schwelgen möchten (Tipp 1), dann nehmen Sie ihr „Heimliches-Chaos-Kästchen" zur Hand und schauen, was sich so alles angesammelt hat. ❯ Tipp 1

11

❯Tipp 9

Das weiße Blatt

Egal, ob es darum geht, die Elternversammlung vorzubereiten, die Klausur zu korrigieren, den Stapel auf dem Schreibtisch abzuarbeiten (Tipp 9) oder die Zeugnisse zu schreiben: Aller Anfang ist schwer.

Aber denken Sie daran: Nicht, weil Sie eine Aufgabe immer weiter vor sich herschieben, erübrigt sie sich irgendwann. Aufgaben, die gemacht werden müssen, müssen gemacht werden – es gilt, den inneren Schweinehund zu überwinden. Genauso geht es übrigens Autoren beim Schreiben von Büchern, Künstlern beim Malen von Bildern und Komponisten beim Erdenken von Musik: Die Angst vor dem Anfang kennt jeder, die Angst vor dem weißen, unbeschriebenen Blatt.

Gleich mal ausprobieren

Haben Sie eine große Aufgabe vor sich, dann versuchen Sie nur nicht, die Aufgabe auf Anhieb komplett zu erledigen. Beginnen Sie mit einem ersten, ganz kleinen Schritt. Ist erst einmal der erste Schritt getan, fällt der zweite viel leichter, man ist in Gang gekommen (Tipp 75).

❯Tipp 75

Beispiel Zeugnisse: Sie wissen, dass Sie noch genau fünf Tage haben, bis die Zeugnisse zur Schulleitung zur Unterschrift müssen. Bei Ihren 30 Schülern sind das sechs Zeugnisse pro Tag – theoretisch. Nehmen Sie sich vor, am ersten Tag nur zwei Zeugnisse zu machen. Sie werden sehen, sind Sie erst einmal drin, dann geht es viel besser. Am zweiten Tag schaffen Sie dann schon mehr als geplant, am vierten Tag haben Sie alle geschafft und am fünften Tag haben Sie dafür frei – nachmittags und abends! Eine tolle Belohnung.

Welche Aufgaben bleiben bei Ihnen regelmäßig liegen und werden dann – halbherzig – erledigt, wenn es eigentlich schon viel zu spät ist? Nehmen Sie sich für morgen vor, eine dieser Aufgaben in Angriff zu nehmen. Los geht's!

Sie möchten übersichtlich alle Unterlagen immer beieinander haben? Dann benötigen Sie (wie fast immer) etwas Disziplin und diesen Tipp: Legen Sie bei der Vorbereitung auf das Schuljahr für jede Klasse einen Schnellhefter (oder Ordner) an. Zwei Abteilungen sollte dieser Hefter haben (oder benutzen Sie einfach gleich zwei Order).

In den ersten Teil kommen die wichtigsten Unterlagen, die Sie (fast) immer dabei haben sollten:

- eine Klassenliste, gegebenenfalls mit Telefonnummern,
- eine Notenliste, sofern Sie kein gesondertes Notenbuch führen bzw. Ihre Noten elektronisch verwalten,
- eine Namensliste, auf der Sie Bemerkungen zu einzelnen Schülern festhalten sollten (z. B. für Elterngespräche),
- ein Sitzplan oder noch besser, ein Foto der Klasse, das mit Namen beschriftet ist,
- eine Sichthülle, in der Sie lose Zettel (Entschuldigungszettel usw.) sammeln können,
- eine Sichthülle, in der Sie Zettel mit Unterrichtsideen für die Zukunft sammeln, die Ihnen während des Unterrichts einfallen (Tipp 8, 49),
- eine auf einer Seite zusammengefasste Jahresplanung mit den Themen die drankommen sollen, entsprechend verteilt auf etwa 40 Unterrichtswochen (Tipp 16–18).

Wichtige Unterlagen

❯Tipp 8, 49

❯Tipp 16–18

Im zweiten Teil des Hefters oder Ordners legen Sie Ihre Unterrichtsvorbereitungen, Stundenverläufe, Hinweise und Tipps zu Arbeitsphasen usw. für die Klasse ab. Idealerweise handelt es sich dabei um einen hundertprozentigen „Spiegel" des Schülerhefters, so wie er sich im Laufe des Schuljahres entwickelt, mit allen Arbeitsblättern und Kopien, allen Tafelabschriften, Zeichnungen sowie den Hausaufgaben. Sollten Sie im Laufe des Schuljahres nämlich ab und zu die Hefter kontrollieren, können Sie jederzeit anhand Ihres Ordners vergleichen, wo eventuell etwas fehlt oder wo ein fleißiger Schüler den eigenen Hefter mit ergänzenden Materialien bereichert hat. Gleichzeitig nehmen Sie sich damit selbst in die Pflicht, Aufgaben und Hausaufgaben, die Sie aufgeben, vorher genau zu durchdenken und zu prüfen. Führen Sie diesen Klassenhefter mit Konsequenz, haben Sie jederzeit einen guten Überblick über Ihre Klassen und gleichzeitig sowohl über den behandelten als auch den geplanten Stoff – und können gegebenenfalls bei der nächsten Klasse darauf zurückgreifen. Aber:

JEDE KLASSE NEU DENKEN

13

Geraten Sie nicht in Versuchung, sich nach einem Jahr zurückzulehnen, nach dem Motto: „7. Klasse/Geschichte: Das Thema habe ich einmal durchgearbeitet und das Material zusammengestellt, nun kann ich bis zur Pensionierung darauf zurückgreifen." So einfach ist das nicht!

Individuelle Bedürfnisse

Jede Klasse hat ihre speziellen Eigenheiten und Bedürfnisse, auf die man sich neu einstellen muss. Selbst bei einem Fach wie Geschichte, bei dem sich ja auf den ersten Blick kaum etwas verändert (betrachtet man zumindest die zu vermittelnde Fachkompetenz), ist es wichtig, die Unterrichtsvorbereitung individuell auf die jeweilige Klasse abzustimmen.

Überlegen Sie vor der Planung jeder Unterrichtseinheit und Unterrichtsstunde neu:

Planungsfragen
- Welches Vorwissen hat diese Gruppe zum Thema?
- Welcher Unterrichtseinstieg passt zur Lerngruppe?
- Welchen aktuellen Bezug hat diese Klasse zum Thema oder wo ist dieser herzustellen?
- Wo ist der Bezug zur Lebenswirklichkeit der Schüler?

❯ Tipp 41 (Tipp 41)
- Warum ist das Thema für diese Klasse wichtig?
- Welche Medien, Texte, Bücher, Hörbeispiele, Arbeitsblätter, Aufgaben, Spiele können in dieser Gruppe am effektivsten eingesetzt werden?
- Welche Sozialform ist für diese Gruppe die passende?

❯ Tipp 26 (Tipp 26)

■ Wie können in dieser Gruppe die Arbeitsergebnisse am besten zusammengefasst und präsentiert werden?

Gehen Sie diese Punkte immer wieder durch, um sich optimal auf die Klassen einzustellen. Je besser Ihnen Ihr Unterricht gelingt, desto erfolgreicher sind Ihre Schüler und desto zufriedener sind Sie selbst.

DIE LETZTE FERIENWOCHE NUTZEN

14

Kennen Sie das? Kollege B. kommt am Abend vor dem ersten Schultag mit dem Flieger aus Gran Canaria zurück. Am nächsten Morgen erscheint er zehn Minuten vor der Dienstbesprechung im Lehrerzimmer und ärgert sich sofort über den aus seiner Sicht unmöglichen neuen Stundenplan. In der ersten großen Pause erzählt er dann, dass er sich praktisch gar nicht erholen konnte und jetzt schon das Gefühl hat, er wäre überhaupt nicht weg gewesen. Dies ist sicherlich ein extremes Beispiel, das aber jeder erfahrene Kollege schon einmal so oder ähnlich erlebt haben dürfte.

Tun Sie sich so etwas nicht an, sondern nutzen Sie die letzte Woche Ihrer „unterrichtsfreien Zeit" ganz bewusst zur Vorbereitung und zur Einstimmung auf das neue Schuljahr. Auf diese Weise werden Sie nicht wie der oben angeführte Kollege von den Ereignissen überrollt und starten mit einem guten Gefühl.

Im Folgenden finden Sie eine Checkliste mit den wichtigsten vorbereitenden Tätigkeiten:

1. Machen Sie zu Beginn der letzten Ferienwoche schon einmal einen Abstecher in Ihre Schule. Räumen Sie Ihren Arbeitsplatz auf und lassen Sie sich Ihren neuen Stundenplan aushändigen (falls dieser bereits erstellt ist).

Checkliste zur Vorbereitung

2. Nehmen Sie sich Ihren Unterrichtsplaner vor und gliedern Sie das kommende Schuljahr für sich (Tipp 17). Übertragen Sie außerdem bereits alles an Klassenlisten und Plänen, was schon zur Verfügung steht.

❯ Tipp 17

3. Erstellen Sie für die einzelnen Klassen und Fächer kurz

❯Tipp 18 gefasste Jahrespläne (Tipp 18).
4. Machen Sie zu Hause eine Inventur Ihrer Unterlagen.
5. Gestalten und organisieren Sie Ihren Arbeitsplatz so, dass

❯Tipp 1 Sie Lust haben, wieder an ihm zu arbeiten (Tipp 1).
6. Schließlich sollten Sie sich für all die geleistete Vorarbeit auch belohnen, z. B. mit einem neuen Outfit. Es hat zwar etwas sehr Beruhigendes, wenn der Lehrer über Jahre hinweg in denselben Klamotten vor der Klasse steht, aber ein wenig Abwechslung erfreut bestimmt nicht nur Sie, sondern auch Ihre Schüler.

SOS-Tipp

Wenn allein der Gedanke, dass Sie sich früher als unbedingt nötig mit Schule und Unterricht befassen sollen, Ihnen unvorstellbar erscheint, oder Sie generell in der letzten Ferienwoche nur noch sehr schlecht schlafen und auch andere psychosomatische Beschwerden haben, sollten Sie sich überlegen, ob es nicht hilfreich sein könnte, sich professionelle Hilfe zu holen, bevor es zu einer Art Burn-out kommt.

VON FERIEN ZU FERIEN PLANEN

15

Am letzten Schultag, nach der letzten Unterrichtsstunde, beginnt der schönste Ferientag – man hat schließlich die kompletten Ferien vor sich.

Damit Sie die Ferien voll und ganz genießen können, sollten Sie als letzte Aktivität in der Schule noch die nächste Schuljahresphase – bis zu den nächsten Ferien – durchdenken:

▬ Welche Themen sind als nächstes dran?

▬ Welche Materialien, die langfristig organisiert werden

❯Tipp 67 müssen, werden benötig (Tipp 67)? (z. B. Filme bei der Medienstelle bestellen usw.)

▬ Stehen besondere Projekttage, Veranstaltungen, Wandertage oder Klassenfahrten an?

- Müssen noch Elterngespräche, Elternversammlungen, Teamsitzungen oder Gespräche mit der Schulleitung geplant werden?

Gleich mal ausprobieren

Auch wenn es schwerfällt, nach der letzten Unterrichtsstunde vor den Ferien noch vorausschauend zu planen, probieren Sie es einmal aus: Sie werden feststellen, dass Sie Ihre Ferien viel besser genießen können. Planen Sie am besten auch gleich noch den ersten Schultag nach den Ferien komplett durch: Welche Klassen und Fächer erwarten mich? Wo werden Themen einfach nur fortgesetzt, wo müssen neue Einstiege geplant werden? Das Abschalten wird Ihnen danach viel leichter fallen.

DAS JAHR PLANEN

16

Jahresplanungen kennt jeder Lehrer noch aus dem Referendariat. Als man sich, eingeschüchtert von der Aufgabe, mühsam in kleinen Schritten am Rahmenplan entlanghangelte und letztlich eine Planung für das Schuljahr ablieferte, die weder realistisch war, noch einem bei der konkreten Unterrichtsplanung wirklich von Nutzen sein konnte. Genau das ist hier nicht gemeint.

Einige Kollegen verzichten wegen der beschriebenen Schwierigkeiten im späteren Berufsalltag völlig auf diese Art der vorausschauenden Planung, viele sind jedoch gezwungen, eine anzufertigen. Deshalb an dieser Stelle einige Vorschläge für eine inhaltliche Planung des Schuljahres, die diesen Namen wirklich verdient, weil sie Ihnen nicht nur das Jahr über bei Ihrer persönlichen Standortbestimmung hilft, sondern Sie bereits bei der Ausarbeitung zwingt, einige sehr grundlegende Entscheidungen in Bezug auf Ihren Unterricht zu treffen.

- Eine Jahresplanung, die mehr als eine DIN-A4-Seite umfasst, ist nicht praktikabel.

Bei Jahresplanung beachten

- Verzichten Sie darauf, voraussichtliche Stundenzahlen für einzelne Themen/Module anzugeben. Unterscheiden Sie höchstens grob zwischen kleinen oder großen Einheiten.
- Geben Sie nur die Inhalte/Themen für jede Unterrichtseinheit an, aber keine detaillierten anzustrebenden Kompetenzen/Ziele.
- Betreiben Sie Inselbildung. Gehen Sie bei Themen, die Ihnen persönlich liegen, exemplarisch in die Tiefe und lassen Sie andere dafür komplett weg.
- Geben Sie die Ihrer Meinung nach wichtigsten drei Kompetenzen/Ziele an, die Ihre Schüler in diesem Schuljahr

❯ Tipp 61 erreichen sollen (Tipp 61).

Um die Ecke gedacht

Wie Sie sicher bereits gemerkt haben, entspricht diese Planung dem Motto: „Weniger ist oft mehr." Wenn Ihre Jahresplanung eine wirkliche Hilfe sein soll, dann müssen Sie mit einem Blick erfassen können, wo Sie gerade stehen. Diese formale Grundsatzentscheidung hat auch inhaltliche Konsequenzen. Sie zwingt Sie, sich darüber klar zu werden, was Ihnen wirklich wichtig ist und was Sie vernachlässigen können. Eine derartige inhaltliche Verdichtung ist in Zeiten des auf zwölf Jahre verkürzten Abiturs und gleichzeitig nicht ausreichend entrümpelter Rahmenpläne wichtiger denn je.

DAS SCHULJAHR GLIEDERN

17

Wieder einmal jede Menge Korrekturen mit in die Ferien genommen? Den Wunschtermin für die Klassenfahrt nicht mehr bekommen? Oder nicht daran gedacht, dass sich die Unterrichtseinheit „Kugelstoßen" im Schnee nur noch schwer durchführen lässt? Derartige Ärgernisse lassen sich mit relativ geringem Aufwand vermeiden, wenn Sie sich vor

❯ Tipp 14 Schuljahresbeginn ein bisschen Zeit nehmen (Tipp 14).

Am besten arbeiten Sie mit dem Kalender im vorderen Teil Ihres Unterrichtsplaners. Dieser hat den Vorteil, dass er das gesamte Schuljahr umfasst und nicht nur ein Kalenderjahr. Legen Sie farbige Stifte oder Textmarker bereit und los geht's:

Termine markieren und festlegen

1. Markieren Sie die Ferienzeiten farbig (eine ausgesprochen befriedigende Tätigkeit).
2. Tragen Sie alle bereits feststehenden schulischen Termine wie Zeugniskonferenzen, Elternsprechtage, Termine für Warnzensuren, Wandertage, Klassenfahrten, Schulfeste oder Praktika ein.
3. Terminieren Sie alle größeren schriftlichen Leistungskontrollen. Achten Sie dabei darauf, dass Sie genügend Unterrichtstunden Vorlauf haben, um ausreichend Stoff anzusammeln.

Achtung!

Da dies naturgemäß in allen Lerngruppen annähernd zum gleichen Zeitpunkt der Fall sein dürfte, müssen Sie gleichzeitig vermeiden, sich zu überlasten. Versuchen Sie, die anfallenden Korrekturarbeiten auf zwei bis drei Wochen zu verteilen und sich trotzdem die letzte Woche vor Ferienbeginn völlig frei zu halten, damit Sie keine oder nur wenig Arbeit mit in die Ferien nehmen müssen.

4. Suchen Sie sich die günstigsten verbleibenden Termine für Exkursionen und Klassenfahrten heraus. Anschließend legen Sie für jeden dieser Termine eine Deadline fest, bis zu der er spätestens gebucht sein muss (Tipp 23).

❯ Tipp 23

5. Wenn Sie z. B. aufgrund einer Wahlhelfertätigkeit über freie Tage verfügen, sollten Sie diese jetzt schon festlegen.

Wenn Sie diese Punkte berücksichtigen, haben Sie bereits vor dem Start des neuen Schuljahres eine klare Vorstellung von dessen zeitlichem Ablauf und können so einer Überlastung vorbeugen. Sie wissen, wo sich die „Durststrecken" zwischen weit auseinander liegenden Ferienterminen befinden, in denen Sie und Ihre Schüler auch mal einen entspannteren Tag benötigen und laufen nicht mehr Gefahr, irgendwelche wichtigen Termine zu verpassen.

Achtung!

> Vergessen Sie nicht, diesen Schuljahreskalender mit Ihrem persönlichen Terminkalender zu synchronisieren! Sonst kann es leicht zu bösen Überraschungen kommen. Wenn beispielsweise der Geburtstag Ihres Partners mit dem Termin für die Klassenfahrt kollidiert.

18 JAHRESPLAN – DEN ÜBERBLICK BEHALTEN

Es erleichtert die konkrete Unterrichtsplanung ungemein und beruhigt die Nerven im laufenden Schulbetrieb, wenn Sie sich regelmäßig zu Beginn des Schuljahres für jede Klasse eine einfache, persönliche Jahresübersicht erstellen

❯Tipp 12 (Tipp 12).

Eine einfache Tabelle mit ungefähr 40 Zellen für die 40 Schulwochen genügt völlig.

Achtung!

> Die Durchnummerierung sollte nach Schul- oder Kalenderwochen erfolgen. Vergessen Sie dabei nicht die Ferienwochen.

In diese Übersicht tragen Sie mit Abkürzungen alle geplanten Themen ein, aber auch Klassenarbeiten, Tests, Referate usw.:

- Welche Themen und Lerninhalte möchten Sie in welchen Wochen behandeln?
❯Tipp 23
- Was sagt das schulinterne Curriculum (oder der schulinterne Lehrplan) zur Stoffverteilung (Tipp 23)?
- Wann bietet es sich an, Exkursionen zu planen und durchzuführen?

- In welchen Wochen können Schüler Referate und Vorträge halten?
- In welchen Wochen sind Ferien und Feiertage?
- Wann sollen Klassenarbeiten, Tests, Lernerfolgskontrollen oder Vergleichsarbeiten geschrieben werden?
- Welche Projekte können durchgeführt werden?
- Gibt es Wettbewerbe, an denen teilgenommen werden kann?
- Wann unternimmt die Klasse eine Klassenfahrt?

Schuljahr:

Klasse:

Fach:

1. Woche	2. Woche	3. Woche	4. Woche
5. Woche	6. Woche	7. Woche	8. Woche
9. Woche			

TH: Thema	TE: Test
EX: Exkursion	LEK: Lernerfolgskontrolle
RE: Referat	PJ: Projekt
FE: Ferien	WE: Wettbewerb
FT: Ferientag	KF: Klassenfahrt
KA: Klassenarbeit	VA: Vergleichsarbeit

19

Am Sonntagabend, vor *Polizeiruf* und *Tatort*, sollte man sich eine Stunde Zeit nehmen, um die Woche vorzuplanen. Legen Sie sich dazu einen Übersichtsplan an, den Sie sich, einmal als Tabelle angelegt, immer wieder kopieren können und so, mit einer Ringbindung versehen, auch als Kalender verwenden können.

_____ . Woche (von _____ bis _____)					
In dieser Woche besonders wichtig:					
Std./ Zeit	Mo. Klasse/ Thema	Di. Klasse/ Thema	Mi. Klasse/ Thema	Do. Klasse/ Thema	Fr. Klasse/ Thema
1					
2					
3					
4					
5					
6					

7					
8					
9					
Termine nach- mittags					
Termine abends					
Notizen:					

Was für die Wochenplanung gilt, gilt auch für die Tagesplanung. Je mehr Gedanken Sie sich im Vorfeld über Ihre Unterrichtsstunden und den Ablauf des Schultages machen, desto weniger kann Sie Unvorhergesehenes aus der Ruhe bringen oder belasten.

Haben Sie eine solide Wochenplanung gemacht, ist die Detailplanung der einzelnen Tage eigentlich kein großer Aufwand mehr. Wenn Sie ein Freund von Sicherheit und Formularen sind, verwenden Sie z. B. diese Tabelle für Ihre individuelle Tagesplanung:

Wochenplanung als Grundlage

○ Montag
○ Dienstag
○ Mittwoch
○ Donnerstag
○ Freitag

Datum:

Das ist heute besonders wichtig:

Stunde	Klasse, Fach, Thema	Material, Arbeitsbögen, Bedenkenswertes	✓
1. Stunde			
2. Stunde			
3. Stunde			
4. Stunde			
5. Stunde			
6. Stunde			
7. Stunde			
8. Stunde			
9. Stunde			
Das muss in der Schule noch erledigt werden:			
Daran muss ich nach der Schule denken:			
Weitere Termine heute:			

Mithilfe des Klassenbuchs dokumentieren Sie, was Sie in einer Woche, an einem Tag, in einer Stunde getan haben, wie weit Sie mit einem Thema gekommen sind und eventuell sogar, welche Hausaufgaben dazu erledigt werden sollen. Damit Sie selbst auch nicht den Überblick verlieren, sollten Sie während des gesamten Schuljahres konsequent auch Ihr eigenes Klassenbuch führen – sozusagen in „doppelter Buchführung". So wissen Sie am Ende des Schuljahres, was und wie viel Sie in einer bestimmten Klasse getan und erreicht haben, und die Jahresvorbereitung auf das Fach in der entsprechenden Jahrgangsstufe fällt Ihnen beim nächsten Mal sicher leichter (Tipp 13). Unterrichten Sie das gleiche Fach parallel in mehreren Klassen der gleichen Jahrgangsstufe, wissen Sie dank Ihres persönlichen Klassenbuchs genau, wie weit Sie mit welcher Klasse gekommen sind.

Überblick behalten

❯ Tipp 13

Achtung!

Bei ein- oder zweistündigen Fächern reicht es, eine große Liste auf einem DIN-A3-Blatt zu führen. Vergessen Sie nicht, in Vorbereitung auf das gesamte Schuljahr auch gleich alle wichtigen Termine, wie Klassenfahrten, Ferien usw. einzutragen:

	Woche 1	Woche 2	Woche 3	Woche ...
Biologie Klasse 5a				
Biologie Klasse 5b				
Biologie Klasse 5c				

22

Jedes Bundesland hat Rahmenplanvorgaben. Diese Rahmen- oder Lehrpläne bilden die wichtigste und verpflichtende Grundlage für Ihre Unterrichtsplanung. Daran kommen Sie nicht vorbei. Deshalb verzichten Sie nicht darauf, diese Pläne auch wirklich für Ihre Vorbereitung zu verwenden („Ich weiß was in der sechsten oder neunten Klasse in Geografie Thema ist …"), sondern machen Sie diese zum ersten Werkzeug Ihrer Unterrichtsplanung! Die Rahmenlehrpläne sind nicht nur eine bürokratische Bestimmung, sie können Sie tatsächlich auch in Ihrer Arbeit unterstützen, Ihnen sogar die Arbeit erleichtern. Sie geben zahlreiche Tipps und Hinweise zu Inhalten, die Ihnen vielleicht gar nicht eingefallen wären.

Tipps und Hinweise nutzen

Gleich mal ausprobieren

Stellen Sie sich die Rahmenlehrpläne zu Ihrem Fach in Ihr Bücherregal zu Hause. Markieren Sie mit Klebezetteln, leicht und auf Anhieb nachzuschlagen, wo Sie die Themen zu bestimmten Klassenstufen finden (Tipp 7).

❯ Tipp 7

Bildungsstandards

Neben inhaltlichen Ausführungen zu Unterrichtsthemen enthalten die Lehrpläne in einer Reihe von Bundesländern auch Angaben zu den zu erreichenden Standards. Sie informieren darüber, welche Kompetenzen Schüler bis zum Ende eines bestimmten Schulabschnitts (also z.B. bis zum Ende der 10. Klasse) erworben haben sollen. Diese beruhen auf den Bildungsstandards, wie sie die Kultusministerkonferenz im Rahmen der allgemeinen Bildungsziele formuliert hat.

23

In den meisten Bundesländern ist es Pflicht oder zumindest üblich, dass Schulen ihre eigenen schulinternen Curricula oder Lehrpläne entwickeln. Diese konkretisieren die staatlichen Rahmenplanvorgaben anhand des Schulprogramms und der Leitlinien der jeweiligen Schule. Sie legen die Themen und Zeiträume genauer fest, als es die Rahmenlehrpläne der Bundesländer tun. Hier finden Sie zu den in den Rahmenplänen festgelegten Kompetenzen die Zuordnung der Unterrichtsthemen, Vorschläge für den Medieneinsatz, die eingesetzten Lehrwerke sowie Aspekte für einen fächerübergreifenden Unterricht.

Achtung!

Neben den offiziellen Dokumenten der Schule gibt es häufig auch inoffizielle Festlegungen, was die zeitliche Verteilung von Unterrichtsthemen, Exkursionen, Ausflügen oder Klassenarbeiten während des Schuljahres betrifft. Suchen Sie sich einen aufgeschlossenen Kollegen, der Sie damit vertraut macht (Tipp 24).

❯ Tipp 24

24

Neben den schulinternen Lehrplänen sind die von der Fachkonferenz getroffenen Entscheidungen fast genauso wichtig für Ihre Unterrichtsplanung.

Teilweise geben die schulinternen Lehrpläne darüber Auskunft, manchmal auch nur die Fachkonferenz-Protokolle. Bisweilen wird zwar nach ihnen gehandelt, eine verpflichtende, schriftliche Festlegung zu folgenden Inhalten existiert allerdings selten:

- Wie viele Klassenarbeiten werden pro Schuljahr geschrieben?
- Welches sind die Hauptthemen der Klassenarbeiten?

❯ Tipp 31
- Wie werden Referate bewertet? Gibt es hier eventuell ein einheitliches Bewertungsraster? (Tipp 31)
- Wie viele Tests werden geschrieben? Arbeiten Parallelklassen synchron und schreiben die gleichen Tests und Arbeiten?
- Wie viele Hausaufgaben werden aufgegeben? Werden Hausarbeiten bewertet?
- Welche Schulbücher sollen zum Einsatz kommen?
- Welche Festlegungen für das einzelne Fach gibt es darüber hinaus?

Gleich mal ausprobieren

Fertigen Sie eine Übersicht über grundlegende Festlegungen an, die Ihre Fächer betreffen und legen Sie diese in Ihren Klassenheftern (Tipp 12) ab:

❯ Tipp 12

Fach:				
Klassenstufe	Arbeiten	Tests	Hausaufgaben	sonstiges
5				
6				
7				
8				
9				
10				

25

Oft legen Schulen im Laufe der Zeit eine erhebliche Materialsammlung für die unterschiedlichen Fächer an. Diese ist häufig ein wahrer Schatz und kann Ihnen die Unterrichtsvorbereitung erheblich erleichtern.

Leichter planen

Sichten Sie diese Materialien einmal gründlich und nehmen Sie sie stichpunktartig in Ihr eigenes elektronisches Archiv auf (Tipp 6). Objekte und Karten können Sie zur einfachen Archivierung für zu Hause auch fotografieren. Bei Klassenarbeiten und Arbeitsblättern empfiehlt es sich dagegen, Kopien für das eigene Unterrichtsarchiv anzufertigen.

❯ Tipp 6

Gleich mal ausprobieren

Machen Sie eine Bestandsaufnahme für Ihr Fach:
- Welche pädagogische Fachliteratur ist in der Lehrerbibliothek der Schule vorhanden?
- Gibt es eine Sammlung von Klassenarbeiten, Vergleichsarbeiten und Lernstandserhebungen, die ich nutzen kann?
- Gibt es Sammlungen von Kopiervorlagen, für die die Schule auch das Recht zur (unbegrenzten) Vervielfältigung hat (Tipp 69–71)?

❯ Tipp 69–71

- Gibt es Sammlungen von Texten, Zeitungsartikeln usw.?
- Welche Karten, Objekte, Schautafeln, Anschauungsmaterialien, Spiele, CDs, Filme, Bilder usw. besitzt die Schule?

UNTERRICHTS- UND SOZIALFORM WÄHLEN

Es gehört zur Unterrichtsvorbereitung, sich mit Blick auf jede Stunde neu für die passende Unterrichtsmethode und die dazu passende Sozialform zu entscheiden. In der Regel werden vier verschiedene Sozialformen angewendet:
- Einzelarbeit
- Partnerarbeit
- Gruppenarbeit
- Klassenunterricht (Frontalunterricht)

Achtung!

Eine Stunde hat verschiedene Phasen, für die wiederum unterschiedliche Sozialformen infrage kommen. Jede hat ihre Vor- und Nachteile. Machen Sie sich diese bewusst, bevor Sie sich für eine Sozialform entscheiden.

Einzelarbeit:

Jeder Schüler ist auf sich allein gestellt. Für die Bearbeitung seiner Aufgaben kann er nicht die Hilfe der Mitschüler in Anspruch nehmen, gegebenenfalls aber auf bereitgestellte Medien oder die Unterstützung der Lehrkraft zurückgreifen. Die Aufgaben, die die Schüler in Einzelarbeit bearbeiten, können differenziert sein. Der Lehrer kann (relativ) sicher sein, dass das Ergebnis der Einzelarbeit tatsächlich auch die Leistung des einzelnen Schülers ist. Für die Lernstandsdiagnose (Tests, Klassenarbeiten usw.) ist die Einzelarbeit als Sozialform sehr hilfreich. Der Schüler kann sich methodische Kompetenzen aneignen. Soziale Kompetenzen werden im Rahmen der Einzelarbeit hingegen kaum ge-

> ❯ Tipp 61

schult (Tipp 61).

Partnerarbeit:

Teams bewusst wählen

Die Partnerarbeit findet entweder mit selbst gewählten oder mit zugeordneten Partnern statt. Entscheidet der Lehrer über die Zusammensetzung der Teams, hat er die Möglichkeit, lernstarke und lernschwache Schüler zusammenarbeiten zu lassen, die sich gegenseitig unterstützen. Der Lernerfolg ist jedoch sehr schüler- und motivationsabhängig, da zwei befreundete Partner mit geringer Lernmotivation sich z. B. leicht ablenken können und gegebenenfalls nicht wirklich zum Arbeiten kommen.

Die Partnerarbeit eignet sich besonders, um Ergebnisse aus der Einzelarbeit kontrollieren zu lassen, um z. B. Rechenergebnisse oder Lückentexte überprüfen oder Vokabeln abfragen zu lassen. Nutzen Sie diese Sozialform, wenn Sie nicht jeden Nachmittag auf einem Stapel zu korrigierender Arbeitsblätter sitzenbleiben wollen.

Für die Schüler hat diese Tätigkeit gleichzeitig den Vorteil, dass sie lernen, genau zu arbeiten und gewissenhaft zu vergleichen.

Gruppenarbeit:
Die Gruppenarbeit ist, was die soziale Kompetenz betrifft, die größte Herausforderung unter den Sozialformen. Wenn es schlecht läuft, erledigen ein oder zwei Schüler alles und der Rest langweilt sich oder ist mit anderen Dingen beschäftigt. Im Idealfall werden die Aufgaben zu Beginn gerecht verteilt und am Ende wieder zu einem Gesamtergebnis zusammengefügt. Ein Gruppenleiter ist unerlässlich.

Achtung!

Es ist ratsam, dass der Lehrer die Gruppen zusammenstellt und dies nicht dem Zufall oder den Schülern überlässt.

Klassenunterricht:
Beim Klassenunterricht redet einer (meist der Lehrer) und die ganze Klasse hört zu bzw. arbeitet mit oder schläft. Der Klassenunterricht ist die Sozialform, die mit der Unterrichtsmethode „Frontalunterricht" praktisch identisch ist (Tipp 27). Das liegt daran, dass es keine klare Abgrenzung zwischen den Sozialformen und den Unterrichtsmethoden gibt.

❯ Tipp 27

FRONTALUNTERRICHT – DER KLASSIKER

27

Frontalunterricht – der Klassiker, den wir alle jahrelang erlebt haben, ist heute gar nicht mehr so verpönt. Früher gab es den „bösen" Frontalunterricht (lehrerzentriert) und die „guten" schülerorientierten Unterrichtsmethoden.
Lassen Sie sich von anderen nicht verunsichern. Der Frontalunterricht ist eine Unterrichtsmethode, die ihre Daseinsberechtigung, ihren Sinn und ihre Vorteile hat!

Überlegen Sie, wann Sie den Frontalunterricht als Unterrichtsform gewinnbringend einsetzen können. Folgende Vor- und Nachteile sollten Sie bedenken:

- Allen Schülern werden dasselbe Thema und derselbe Inhalt gleichzeitig präsentiert. Das kann sehr effektiv sein, bedeutet aber nicht zwangsläufig, dass die Schüler diese Inhalte alle auch gleichermaßen aufnehmen (können).
- Alle Schüler haben die Möglichkeit, bei Unverständnis Rückfragen zu stellen. Sie können an den Stellen Wiederholungen und Erklärungen einbauen, an denen Sie bemerken, dass es für die Schüler schwierig oder zu kompliziert wird. Allerdings erfolgt die Erklärung meist durch Sie und: Erfahrungen zeigen, dass nur etwa 20 Prozent der Schüler, die etwas nicht verstanden haben, dieses auf Nachfrage auch zugeben (Tipp 90). ❯Tipp 90
- Zeitlich können Sie den Verlauf von Unterrichtsstunden sehr genau planen, allerdings bleibt Ihnen bei genauer Planung oft wenig Spielraum für Kreativität (Tipp 40, 81) ❯Tipp 40, 81 oder für das Eingehen auf Schülereinwände, Hinweise und Anregungen.

WOCHENPLANARBEIT – IN JEDEM FACH?

28

Die Wochenplanarbeit ist eine gute Unterrichtsmethode, wenn man viele Stunden eines Faches in einer Klasse unterrichtet (z. B. in Deutsch, Mathematik oder in einer Fremdsprache).

Leider ist die Wochenplanarbeit, die aus der Grundschule kommt, in der 5. bis 10. Klasse noch nicht sehr weit verbreitet, es spricht jedoch überhaupt nichts dagegen, sie auch in der Sekundarstufe I als Methode einzusetzen.

Verpflichtende und freiwillige Aufgaben

In der Regel funktioniert diese Methode folgendermaßen: Die Schüler erhalten auf einem „Laufzettel" Aufgaben, die in einer bestimmten Zeit mit bestimmten Medien bearbeitet werden müssen. Dabei gibt es eine Reihe von Pflichtaufgaben und zusätzlich freiwillige Aufgaben.

Die Wochenplanarbeit hat wie alle Unterrichtsmethoden Vorteile und Nachteile:

- Für die Unterrichtsvorbereitung bedeutet die Wochenplanarbeit einen großen Aufwand. Die Aufgaben müssen herausgesucht, Laufzettel angefertigt und Arbeitsmaterialien erstellt und vervielfältigt werden (Tipp 64–73). Im Vergleich zu anderen Unterrichtsformen kann sich die Lehrkraft während des Unterrichts aber viel besser den Schülern individuell widmen. In der Nachbereitung des Wochenplans hat der Lehrer einen hohen Korrekturaufwand zu bewältigen. ❯ Tipp 64–73
- Im Rahmen der Wochenplanarbeit kann die Lehrkraft viel besser nach den Leistungen der Schüler differenzieren als in anderen Unterrichtsformen. Schüler können selbst wählen, welchen Schwierigkeitsgrad einer Aufgabe sie bearbeiten oder sich von der Lehrkraft beraten lassen.
- Methodische und soziale Kompetenzen werden durch die Wochenplanarbeit viel besser gefördert als durch den Frontalunterricht (Tipp 27), weil die Schüler im Rahmen dieser Unterrichtsmethode stärker dazu gezwungen sind, sich Lernpartner zu suchen und die passende Methode zu finden, um im Lernen erfolgreich zu sein. ❯ Tipp 27

Achtung!

Vereinbaren Sie vorab dringend einige wichtige Regeln für die Wochenplanarbeit mit Ihren Schülern, z. B.:

1. Ich arbeite leise.

2. Ich melde mich, wenn ich etwas sagen will.

3. Ich renne und tobe nicht im Klassenraum.

4. Ich lese die Aufgabe gründlich und genau. Wenn ich eine Frage habe, gehe ich zuerst zu einem Mitschüler; nur wenn er die Frage nicht beantworten kann, frage ich einen Lehrer.

5. Ich lasse andere ausreden.

6. Meine Arbeit ist erst dann beendet, wenn ich meinen Platz aufgeräumt und die Arbeitsmaterialien weggepackt habe.

29

Projektarbeit ist eine spannende Unterrichtsmethode – denn Sie wissen nie, was am Ende dabei herauskommt. Sie findet immer fächerübergreifend statt, da für die Projektarbeit ganz unterschiedliche Kompetenzen gebraucht werden.

Stellen Sie sich vor, Sie planen mit den Schülern eine Klassenfahrt. Das ist Ihr Projekt. Dafür benötigen Sie Schüler, die Preise kalkulieren können, Schüler, die gut Berichte schreiben können, Schüler, die sich in Geografie auskennen usw.

5 Projektphasen Grundsätzlich gliedern sich Projekte immer in fünf Phasen:
1. Projektidee: Startschuss der Planung
2. Projektskizze: Planung der Aufgaben
3. Projektplan: Strukturierung der Aufgaben
4. Arbeitsphase: Bearbeitung der Aufgaben
5. Projektabschluss: Präsentation und Reflexion

Vor- und Nachteile, die bedacht werden sollten, bevor man sich zur Projektarbeit entscheidet:
- Ein Vorteil bei der Projektarbeit ist, dass die unterschiedlichen Aufgaben, unterschiedliche Begabungen, Fähigkeiten und Kenntnisse erfordern. Jeder Schüler kann sich dort einbringen, worin er besonders gut ist.
- Sie können mit anderen Kollegen im Team arbeiten **❯ Tipp 80** (Tipp 80). Dann macht Projektarbeit noch mehr Spaß.
- Die Schüler lernen mehr als nur stupides Fachwissen.
- Für Projektarbeit braucht man Zeit. Manche Projekte können Sie an einem Projekttag oder in einer Projektwoche bearbeiten, für andere Projekte brauchen Sie ein ganzes Schulhalbjahr, d. h. jede Woche Ihre zwei oder drei Stunden Fachunterricht in der Klasse.

30

Lernen an Stationen können Sie besonders gut einsetzen, wenn Sie ein Thema im Unterricht behandeln möchten, das vier bis acht unterschiedliche Aspekte oder Facetten hat. Die Unterrichteinheit gliedert sich in fünf Phasen:

1. Themenpräsentation
2. Rundgang
3. Arbeitsphase
4. Reflexion
5. Ergebnispräsentation

Gliederung der Unterrichteinheit

Im Musikunterricht würde sich z. B. das Thema „Der Dudelsack" eignen:

- An einer Station lernen die Schüler etwas über die Geschichte des Dudelsacks.
- An einer anderen Station lernen die Schüler die unterschiedlichen Möglichkeiten der Tonerzeugung beim Dudelsack kennen.
- An einer weiteren Station erfahren die Schüler etwas über die Länder, in denen der Dudelsack heute noch gespielt wird (und das ist nicht nur Schottland!).
- An einer Station sehen sich die Schüler Kunstwerke an, auf denen Dudelsäcke zu sehen sind und zeichnen selbst einen Dudelsack ab.
- An einer Station hören die Schüler unterschiedliche Hörbeispiele mit Dudelsäcken aus den Bereichen Rock, Pop, Jazz, Klassik, Folk und Militärmusik.

Die Schüler haben einen Laufzettel, den sie an den Stationen bearbeiten, nach jeder erledigten Aufgabe wird diese auf einer im Klassenraum hängenden Namensliste abgehakt oder mit dem Datum versehen. So haben Sie immer den Überblick.

Überblick behalten

Lernen an Stationen ist eine Unterrichtsmethode, die sowohl innerhalb einer einzelnen Stunde als auch an einem Projekttag oder an mehreren über die Schulwoche verteilten Einzelstunden eingesetzt werden kann.

	Station 1	Station 2	Station 3	Station 4	Station 5
Otto	22.5.		22.5.		
Hans				25.5.	25.5.
Fritz		22.5.		25.5.	
…					

Achtung!

❯ Tipp 94–96

Wichtig ist, am Stundenende mit den Schülern gemeinsam zu resümieren, wie die Unterrichtsstunde gelaufen ist (Tipp 94–96). An welchen Stationen gab es Probleme, wo sind Fragen aufgetaucht und was hat besonders viel Freude gemacht?

31 REFERATE – KEINE GROßE HILFE?

Wenn Sie es sich leicht machen möchten, verteilen Sie einfach am Schuljahresbeginn zu allen Themen, die innerhalb der nächsten 40 Wochen behandelt werden, Referate – dann können Sie sich ausruhen und die Schüler sind beschäftigt. Allerdings dürfen Sie sich später nicht wundern, wenn die Schüler am Ende des Schuljahres so gut wie nichts richtig gelernt haben.

Sinnvoll einsetzen

Referate und Vorträge haben im Unterricht durchaus ihre Berechtigung und sind für Schüler und Lehrkräfte sehr wichtig. Sie sollten ihren festen Platz im Unterricht haben, müssen aber mit Verstand vorbereitet, durchgeführt und ausgewertet werden.

Nur wenn diese Bedingungen erfüllt werden, können Referate dazu beitragen, dass die Schüler auf diese Weise ihre fachliche und methodische Kompetenz erweitern.

Vorbereitung

Das Thema des Referates muss dem Schüler wirklich klar sein. Was gehört dazu, wo sind die Grenzen? Auch die formalen Kriterien sollten in der Klasse geklärt werden ebenso wie die Bewertungskriterien, wie z. B.:

- Müssen die Schüler ein Plakat oder eine Wandzeitung entwickeln?
- Dürfen die Schüler eine animierte Präsentation erstellen (Tipp 64, 65)?

❯ Tipp 64, 65

- Welche Quellen müssen oder dürfen von den Schülern verwendet werden?
- Wie lang darf der Vortrag sein?
- Muss ein Skript erstellt und abgegeben werden?
- Bekommen die Zuhörer ein Handout?

SOS-Tipp

> Um zu verhindern, dass die Schüler für die Erstellung eines Plakates nur Bilder aus dem Internet ausdrucken und Texte aus Wikipedia dazu kleben, sollten bei Plakaten nur handgeschriebene (!) Texte sowie selbst angefertigte bzw. abgezeichnete Abbildungen verwendet werden dürfen. Das ist für manche Schüler eine ziemlich große Herausforderung.

Durchführung

Mit den Schülern muss geklärt werden, wann sie ihr Referat halten, welche Medien sie dafür brauchen, wie viel Tage im Voraus sie das Handout abgeben müssen und was passiert, wenn sie den Vortrag nicht wie geplant halten können (weil z. B. ein Schüler aus der Gruppe krank ist, der heimische Drucker nicht funktioniert hat oder die Katze die Karteikarten gefressen hat).

Auswertung

Sinnvollerweise erarbeiten Sie mit den Schülern im Vorfeld ein Bewertungsraster, nach dem alle Referate einheitlich bewertet werden. Das könnte z. B. so aussehen:

Thema:					Referent:
	++	+	–	– –	Bemerkungen
Einstieg, Aufhänger					
Aufbau und Gliederung					
Inhalt und Argumentation					
Abschluss					
Auswahl und Einsatz der Medien					
Gestaltung der Präsentation					
Kreativität, Ideenreichtum					
Sprache (Tempo, Verständlichkeit)					
Mimik, Blickkontakt					
Gestik					
Zeiteinteilung, Effektivität					
Diskussionsleitung, Reaktion auf Fragen					

Achtung!

Eventuell gibt es an Ihrer Schule bereits ein einheitliches Bewertungsraster für Referate und Vorträge, das für alle Fächer gilt. Dann sollten Sie dieses auch benutzen. Das Rad muss nicht immer neu erfunden werden. Fragen Sie die Kollegen!

32

Ein lästiges Problem, das sich immer wieder beobachten lässt, ist, dass viele Schüler ohne vollständiges Arbeitsmaterial und häufig auch noch unpünktlich zum Unterricht erscheinen. Teilweise sind sie dann auch während des Unterrichts kaum in der Lage, ihren Mitschülern zuzuhören und reden einfach dazwischen, ohne zu warten, bis sie an der Reihe sind. Dieses Verhalten macht es nicht nur ihnen selbst unmöglich, erfolgreich am Unterricht teilzunehmen, sondern wirkt sich auch nachteilig auf die gesamte Gruppe aus (Tipp 59).

❭ Tipp 59

Anstatt dieses Fehlverhalten in jeder Stunde im Einzelfall zu monieren und gegebenenfalls auch zu sanktionieren (Tipp 56, 57), bietet es sich an, das Problem grundsätzlich anzugehen und es vor allem so zu lösen, dass man nicht mehr ständig gezwungen ist zu reagieren und damit den Unterrichtsfluss zu unterbrechen. Bewährt hat sich in diesem Zusammenhang der sogenannte Beobachtungsbogen. Seinen Einsatz und die verwendeten Kriterien müssen Sie unbedingt vorab mit der Klasse besprechen und auch begründen, damit er von den Schülern akzeptiert und nicht als „Lehrerschikane" empfunden wird.

❭ Tipp 56, 57

Selbstverständlich können Sie diesen, sich selbst auferlegten, zusätzlichen Beobachtungsauftrag nicht für alle Schüler gleichzeitig ausführen. Sie notieren sich daher zu Hause nur die Namen von drei Schülern, die Sie in der nächsten Stunde speziell beobachten wollen. Ihre Schüler wissen natürlich nicht, wer von ihnen auf dem Beobachtungsbogen steht. Aber sie haben von Ihnen in der ersten Stunde, als die Bewertungskriterien besprochen wurden, das Bewertungsschema und das Benotungssystem schriftlich erhalten und wissen, worum es geht.

3 Schüler beobachten

Er enthält mehrere verschiedene, von Ihnen in der Stunde zu beobachtende Aspekte der Mitarbeit, denen eine bestimmte Punktzahl zugeordnet ist. Aus der Höhe der erreichten Punktzahl ergibt sich am Ende die Note des Schülers.

So könnte der Bogen aussehen:

Beobachtungsbogen		
Klasse:	Fach:	
Name:	Datum:	
Beobachtungsaspekte		Benotung
Vorbereitung – pünktlich gewesen – Arbeitsmaterial bereitgehalten (Buch, Hefter, Schreibmaterial)		
Arbeitsverhalten – in Stillarbeitsphasen konzentriert gearbeitet – bei Partner- oder Gruppenarbeit die Mitschüler unterstützt		
Mündliche Mitarbeit – nur nach dem Melden geredet – Fragen gestellt – eigene mündliche Beiträge gebracht		
Gesamtnote		

Note	1	2	3	4	5	6
Punkte	19/20	16–18	13–15	10–12	6–9	0–5

Entscheidend ist, dass Sie am Stundenbeginn auch tatsächlich durch die Reihen gehen und stumm kontrollieren, ob die betreffenden drei Schüler wirklich ihre Arbeitsmaterialien dabei haben und pünktlich am Platz sind. Dabei muss natürlich unklar bleiben, um welche drei es sich handelt. Dieses vielleicht ein wenig seltsam anmutende Eröffnungsritual (Tipp 82–88) der Stunde („Big Brother is watching you!") erfüllt erfahrungsgemäß sehr rasch seinen Zweck. Es setzt ein eindeutiges Signal, dass die Stunde jetzt beginnt. Die Schüler sitzen an ihren Tischen, versuchen zu ergründen, wer heute auf dem Bogen steht und fragen am Ende der Stunde selbst, „wer heute drauf war", um ihre Mitarbeitsnote zu erfahren. Auf diese Weise etablieren Sie ziemlich rasch eine positive Arbeitshaltung in der Klasse. Diese ist zwar extrinsisch motiviert, erfüllt aber ihren Zweck und schafft nebenbei größtmögliche Transparenz in Bezug auf die Notengebung. Sind die Schüler sauer, weil Sie den Bogen einmal vergessen haben, waren Sie erfolgreich.

Achtung!

Anfangs fällt es nicht immer leicht, sich neben dem normalen Unterricht auch noch auf die drei speziell zu beobachtenden Schüler zu konzentrieren und diesen nach der Stunde auch noch ein Feedback über ihre Leistung zu geben. Aber man gewöhnt sich sehr schnell daran. Sie können am Anfang auch erst einmal nur mit zwei Schülern starten.

DER UNTERRICHTSPLANER

33

Selbst wenn Sie kein Klassenlehrer sind und nur Sport unterrichten, brauchen Sie einen Unterrichtsplaner. Ohne ihn gehen Sie im Chaos der Termine, Noten, Absprachen, Vor- und Nachbereitungen, wichtigen Telefonnummern und Notizen mit ziemlicher Sicherheit unter. Außerdem hilft er Ihnen dabei, das Schuljahr für sich persönlich zu strukturieren (Tipp 17).

❯ Tipp 17

Für welche Art von Planer Sie sich entscheiden, ist von Ihren persönlichen Vorlieben abhängig. Brauchen Sie viel oder eher wenig Platz für die Nachbereitung? Wollen Sie eine Wochen- oder eine Monatsübersicht pro Doppelseite? Das Angebot ist riesig. Am besten, Sie gehen nicht nur ins Netz, um einen Überblick zu gewinnen, sondern tauschen sich auch mit Ihren Kollegen aus und profitieren von deren Erfahrungen.

> Tipp 98

34 DER STUNDENZETTEL

Zwischen der Nicht-Vorbereitung des „Hammer-Pädagogen" („Was ham 'mer letzte Stunde denn noch mal gemacht?") und der Extrem-Vorbereitung für Ihre beiden Examensstunden, öffnet sich ein weites Feld verschiedener Möglichkeiten, Ihre einzelnen Unterrichtsstunden zu planen. Sie müssen und werden im Laufe der Zeit bei der Vorbereitung des Unterrichts Ihren ganz persönlichen Stil entwickeln. Wir schlagen Ihnen hier als Ausgangspunkt für Ihre Überlegungen einen gesunden Mittelweg zwischen den beiden oben erwähnten Extremen vor: den Stundenzettel. Durch die Konzentration auf das unbedingt Notwendige, hat er sich als besonders praktisch und hilfreich erwiesen. „Zettel" deshalb, weil er nicht größer als DIN-A3 sein und lediglich die folgenden Elemente enthalten sollte:

Verkürzte Stundenplanung

1. Klasse, Fach und wichtige Hinweise aus Ihrer Nachbereitung der Stunde (Unterrichtsplaner).
2. Stichpunkte zum Verlauf (Sozialformen, Medieneinsatz).
3. Tafelbilder oder erläuternde Skizzen.
4. Falls notwendig, ausformulierte Impulse für die „Knackpunkte" der Stunde.

Diese extrem verkürzte Form der Stundenplanung hat den Vorteil, dass man sie auch noch bei sechs Stunden täglich gewinnbringend einsetzen kann und sie einen schlicht davor bewahrt, etwas Wichtiges zu vergessen. Es empfiehlt sich, um den zeitlichen Aufwand zu minimieren und eine schnelle Lesbarkeit zu fördern, mit Abkürzungen, Symbolen und verschiedenen Farben zu arbeiten.

Um die Ecke gedacht

Wenn Sie den Stundenzettel längere Zeit in dieser Art und Weise eingesetzt haben, werden Sie merken, dass Sie ihn in der konkreten Situation gar nicht mehr, oder kaum noch (abgesehen von einem kurzen Blick vor Stundenbeginn) brauchen. Er behält natürlich trotzdem seine Berechtigung, denn nur aufgrund Ihrer gedanklichen Durchdringung der Stunde bei der Entwicklung des Stundenzettels, besitzen Sie die notwendige Souveränität in Bezug auf den Stundenablauf (Tipp 39, 54).

❯ Tipp 39, 54

Hier ein Beispiel dafür wie ein Stundenzettel aussehen könnte:

Klasse 9/2 Geschichte

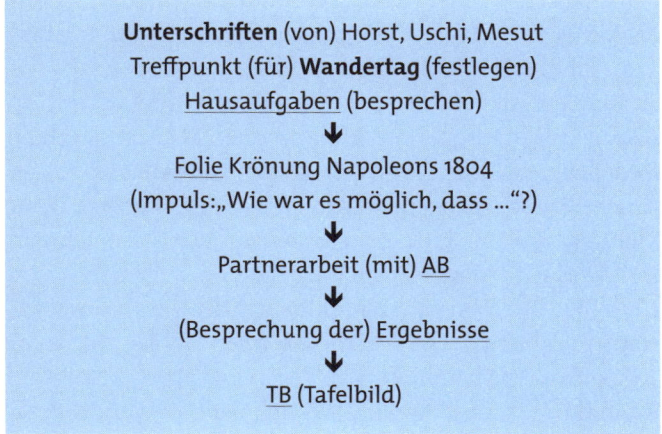

(Den Text innerhalb der Klammern haben wir wegen der besseren Lesbarkeit eingefügt. Routinierte Anwender würden auch darauf noch verzichten.)

Achtung!

Normalerweise wandern Stundenzettel nach Gebrauch in den Papierkorb. Wenn Sie allerdings feststellen, dass z. B. ein skizziertes Tafelbild hervorragend funktioniert hat, dann schneiden Sie es aus und legen Sie es in Ihrer Registratur ab (Tipp 5, 8).

> ❯ Tipp 5, 8

DIE TASCHE RICHTIG PACKEN

35

Haben Sie sich jemals Gedanken darüber gemacht, wie oft Sie in einer Woche Ihre Tasche öffnen, etwas herausnehmen, wieder hineinpacken und sie dann wieder schließen? Bei voller Stelle mindestens 70 Mal! Ihre Tasche ist damit sicher eines Ihrer absolut wichtigsten Arbeitswerkzeuge und bei einigen Kollegen kann man durchaus auch den Eindruck gewinnen, sie seien bereits mit ihrer Tasche auf die Welt gekommen. Es lohnt sich also, sich mit diesem oft unterschätzten Arbeitsgerät einmal etwas näher zu beschäftigen. Es geht dabei nicht um modische Erwägungen, sondern nur um die Frage, welche Funktion Ihre Tasche erfüllen soll und wie man ihre Nutzung optimiert. Die einzige Frage, die wir hier in den Blick nehmen, ist die nach der Funktion Ihrer Tasche im Unterricht. Anders formuliert: Haben Sie diese so organisiert, dass Sie bei Stundenbeginn vor der Klasse stehend, nicht anfangen müssen, herumzusuchen und dann wichtige Dinge nicht finden, sondern routiniert mit einem Griff alles haben, was Sie benötigen?

Wichtiges Utensil

Wenn Sie diese Frage nicht eindeutig mit Ja beantworten können, sollten Sie etwas tun: Überlegen Sie sich ein klares und einfach zu handhabendes Ordnungsprinzip in Bezug auf Ihre Unterrichtsplanung, das sich dann unbedingt auch in der Organisation Ihrer Tasche widerspiegeln muss. Dabei sollten Sie sich an die folgenden Grundsätze halten (Tipp 3): Nutzen Sie die vorgegebenen Unterteilungen in Ihrer Tasche immer auf die gleiche Weise!

> ❯ Tipp 3

- Nutzen Sie für jede einzelne Unterrichtsstunde eine eigene Klarsichthülle, damit Dinge, die zusammengehören, auch zusammenbleiben.
- Es ist egal, ob Sie nach Klassen, Fächern oder anders ordnen, aber halten Sie diese Ordnung aufrecht.
- Arbeiten Sie mit Farben oder Symbolen, damit ein Blick genügt, um etwas zu identifizieren.

Ordnungsprinzip einhalten

Achtung!

Ihre Tasche sollte auf jeden Fall auch eine Art „1. Hilfe-Paket" enthalten, damit Sie zur Not improvisieren können. Dazu gehören unbedingt: Schere, Kleber, Magneten, Lineal und farbige Folienstifte.

EIN FRÜHSTART, DER SICH LOHNT

36

Zeit ist das, was einem in der Schule am meisten fehlt. In der Regel hetzt man in den Pausen zur nächsten Klasse, kopiert schnell noch etwas, führt die Aufsicht oder schlingt sein Pausenbrot herunter. An diesem Arbeitsrhythmus können Sie leider nichts ändern. Die einzige Lücke, an der Sie sich selbst mehr Zeit verschaffen können, liegt vor dem Beginn des Unterrichts, und diese Möglichkeit sollten Sie unbedingt nutzen.

Natürlich wohnt nicht jedem morgendlichen Schulanfang ein Zauber inne, aber Sie beginnen Ihren Schultag wesentlich entspannter, wenn Sie bereits eine halbe Stunde vor Unterrichtsbeginn in der Schule erscheinen, anstatt zwei Minuten vor acht, abgehetzt und mit schlechtem Gewissen.

Achtung!

Ein noch früheres Erscheinen macht normalerweise keinen Sinn, denn erstens laufen Sie Gefahr, dass der Hausmeister das Gebäude noch gar nicht aufgesperrt hat und zweitens ist das Sekretariat (Vertretungsplan, Klassenbücher, Listen) mit Sicherheit auch noch nicht besetzt.

Sie haben dann das seltene Vergnügen, sich durch ein völlig leeres und daher absolut ruhiges Gebäude zu bewegen, noch nicht kommunizieren zu müssen und somit in aller Ruhe die anstehenden Aufgaben erledigen zu können. Daraus ergeben sich weitere Vorteile:

- Sie haben den Kopierer für sich und müssen nicht warten.
- Sie können frühzeitig checken, ob Sie vertreten müssen und können sich noch behelfsmäßig darauf vorbereiten (Tipp 37).

❯ Tipp 37

- Sie können Klassenbücher und Listen einsehen und gegebenenfalls etwas nachtragen.
- Sie können alle erforderlichen Medien und Geräte in Ruhe zusammenstellen.
- Sie können auch Schüler und/oder ihre Eltern zu einem Gespräch bitten. Allein der Zeitpunkt sorgt für Eindruck.
- Sie können sich in Ruhe einen Tee oder Kaffee kochen und mit dem einen oder anderen der langsam eintrudelnden Kollegen ein ausnahmsweise mal nicht gehetztes Gespräch führen.

VERTRETUNGSSTUNDEN VORBEREITEN

37

Keiner mag sie, aber sie gehören leider zum Schulalltag: Vertretungsstunden. Wenn es sich um eine Vertretung in einer Ihnen bekannten Klasse handelt, oder zumindest in einem Ihrer Fächer, ergibt die Sache Sinn. Aber oft erfährt man erst fünf Minuten vorher, dass gerade ein Kollege ausgefallen ist und die 7/5 jetzt ohne Lehrer dasteht. Natürlich kennen Sie weder die 7/5 noch haben Sie Ahnung von dem Fach, das eigentlich auf dem Plan steht. In einem solchen Fall ist fast alles erlaubt:

Zum Diktat! **Variante A: Diktat**

Diese Methode ist anstrengend und unerfreulich und sollte dann zum Einsatz kommen, wenn die unbekannte Gruppe wenig bis kein Entgegenkommen zeigt. Nach dem Motto: „Jede Stunde ist auch eine Deutschstunde", diktieren Sie mithilfe eines Lehrbuches ein Übungsdiktat, welches die Schüler anschließend in Partnerarbeit wechselseitig korrigieren.

Variante B: Fundus aus OH-Folien

Spaßfaktor

Dies ist die Regelvariante und findet bei gutwilligen Gruppen und bei Klassen Verwendung, die sich nach „Startschwierigkeiten" und dem Aufzeigen der möglichen Alternative (Variante A) bewusst für „B" entschieden haben.

Diese Methode besteht aus einem Fundus von mindestens fünf OH-Folien, den Sie sich erarbeitet haben. Fünf, weil es sein kann, dass Sie wiederholt in derselben Klasse vertreten müssen und weil Sie verschiedene Anspruchsniveaus benötigen. Es sollte sich dabei um Folien handeln, deren Bearbeitung zwar der Verbesserung des Wortschatzes, des logischen Denkens, der Konzentrationsfähigkeit oder anderen grundlegenden Fähigkeiten dient, deren Lösung aber aufgrund ihres Rätselcharakters mit einem hohen Spaßfaktor verbunden ist. Letzterer lässt sich vor allem bei jüngeren Jahrgängen noch steigern, indem Sie einen Wettbewerb inszenieren und eine kleine Belohnung aussetzen.

Gleich mal ausprobieren

Für ganz besondere Stunden, z.B. kurz vor den Ferien oder wenn Ihr Akku ebenso erschöpft ist wie die Aufnahmefähigkeit der Schüler, bietet sich der „Blaue Klaus" an. Der Ursprung dieses Namens verliert sich im Nebel der jüngeren Pädagogikgeschichte. Aber „er" funktioniert eigentlich immer und Sie erfahren nebenbei auch noch etwas über die Gruppe und ihre internen Strukturen:

Jeder Schüler, und wenn Sie wollen auch der Lehrer, notiert auf einem kleinen Zettel leserlich den Namen einer Person, die allen Anwesenden bekannt ist (Prominente, Lehrer, Schüler, Zeichentrickfiguren o.Ä.). Die gefalteten Zettel werden von zwei Schülern geöffnet und die Namen gut lesbar groß an der Tafel notiert. Dann setzen sich alle ausnahmsweise *auf* die Tische und ein Schüler beginnt: „Ich glaube, Marie ist Brad Pitt." Stimmt seine Vermutung, muss Marie sich setzen, ist aus dem Spiel und er darf weiter raten. Lag er falsch, ist Marie am Zug. Das Spiel gewinnt derjenige, der als Letzter noch auf dem Tisch sitzt und dessen Name noch an der Tafel steht.

GEWOHNHEITEN VERÄNDERN

38

Sie arbeiten abends lange, schaffen nichts, gehen spät ins Bett und sind morgens unausgeschlafen und wie gerädert? Verändern Sie einmal versuchsweise Ihre Gewohnheiten. Trinken Sie Tee statt Kaffee, essen Sie Fleisch statt Gemüse, gehen Sie joggen statt zur Bauch-Beine-Po-Gymnastik, tanzen Sie Line-Dance statt Walzer, hören Sie Klassik statt Volksmusik, schicken Sie Ihren Partner zum Einkaufen, statt selbst zu gehen.

Neue Kraft schöpfen

Es gibt viele Bereiche im Leben, in denen man seine Gewohnheiten umstellen und daraus neue Kraft schöpfen kann.

Gleich mal ausprobieren

Sie haben einen Stapel Aufsätze zu korrigieren oder Hefter durchzusehen und kommen abends einfach nicht weiter? Machen Sie früh Schluss mit der Arbeit und gehen Sie zu einer ganz normalen Zeit ins Bett (Tipp 76). Stellen Sie sich den Wecker auf vier Uhr morgens. Klingt brutal – ist es auch! Probieren Sie aus, ob Sie nicht in der morgendlichen Stille manchmal viel besser, konzentrierter und effektiver arbeiten können als erschöpft am Abend.

❯ Tipp 76

DIE STUNDE VORDENKEN

39

Machen Sie es sich leicht: Denken Sie jede Stunde nach einer bestimmten Routine vor. So erleichtern Sie sich Arbeitsabläufe und verinnerlichen die Kernfragen eines jeden Unterrichts.

Zu Beginn werden Sie sich die Fragen für jede Stunde schriftlich beantworten müssen, später werden Sie die Fragen nur noch im Kopf durchgehen und wissen, wie und womit Sie Ihre Unterrichtsstunden vorbereiten müssen.

Routiniert planen

Legen Sie sich ein Formular an, mit dessen Hilfe Sie, bevor Sie sich an die Vorbereitung der einzelnen Stunde machen, die folgenden Fragen beantworten:

- Handelt es sich bei der zu planenden Stunde um eine …
  - Einführungsstunde?
  - Vertiefungsstunde?
  - Übungsstunde?
  - Abschlussstunde?
  - sonstiges: _____
- Wie lautet das Thema der Stunde?
- Welcher Stundeneinstieg erscheint geeignet?
- Was wissen die Schüler bereits?
- Welche Kenntnisse müssen vertieft werden?
- Was muss geübt werden?
- Mit welchen Materialien sollte geübt werden?
- Welche Möglichkeiten der Differenzierung gibt es?
- Wie kann der Lernzuwachs überprüft werden?
- Wie und mit welchen Mitteln gelingt ein guter Stundenabschluss mit einem Ausblick auf die nächste Stunde? (Tipp 93)

❯ Tipp 93

- Welche Hausaufgaben sollen aufgegeben werden? (Tipp 91)

❯ Tipp 91

- Wo kann ich kürzen, wenn ich mit der Zeit nicht hinkomme?
- Was kann ich mit den Schülern machen, wenn am Ende meiner geplanten Unterrichtsstunde noch Zeit ist?

Haben Sie diese Fragen für sich (zunächst in kurzen Stichpunkten) schriftlich oder (später ganz routiniert) im Kopf beantwortet, sollte die Planung der konkreten Stunde nicht mehr so schwerfallen, zum Beispiel mit einem Stundenzettel (Tipp 34).

❯ Tipp 34

DIE ROUTINE BEWUSST DURCHBRECHEN

„Alles, was man regelmäßig und berufsmäßig tut, versteinert." *(Kurt Tucholsky)*

Vielleicht kennen Sie das: Sie sind im Allgemeinen mit sich und Ihrem Unterricht ganz zufrieden und erhalten durchaus positive Rückmeldungen von Ihren Schülern und deren Eltern. Dann sind Sie einmal aufgrund äußerer Umstände gezwungen, von Ihrem bewährten Unterrichtsschema abzuweichen, weil Sie nicht die Zeit hatten, sich in gewohnter Manier auf die Stunde vorzubereiten und stellen erstaunt fest, dass der Unterricht besser gelingt, als wenn Sie ihn im Detail vorbereitet hätten. Das ist dann nicht nur überraschend, sondern kann einen auch ganz schön verunsichern. Sollte es aber nicht. Sie sind sicher nicht der Erste, der diese Erfahrung macht, und wenn Sie bereit sind, die richtigen Lehren aus ihr zu ziehen, bietet sie gute Chancen, etwas **Besser als gedacht!** dazuzulernen.

Die Tatsache, dass derartig unvorbereitete Stunden häufig recht gut gelingen, ist einerseits darauf zurückzuführen, dass Sie aufgrund der besonderen Umstände offener sind für Abweichungen und Ihre Schüler sich dadurch leichter einbringen und den Unterrichtsverlauf stärker beeinflussen können. Plötzlich entdeckt man dann gemeinsam, dass sich bestimmte Ziele auch auf alternativen Wegen erfolgreich und teilweise sogar einfacher und besser ansteuern lassen. Andererseits liegt es wahrscheinlich auch daran, dass sich unbemerkt eine gewisse Ermüdung durch die immer gleichen, routinierten Abläufe eingestellt hat und gleichzeitig sowohl Sie, als auch Ihre Schüler sich mit der Zeit verändert haben. Dies führt dazu, dass bestimmte Dinge jetzt einfach nicht mehr so gut passen wie früher.

„Nullprobe" zur Feinjustierung Nutzen Sie daher die Chancen, die diese weitgehend unvorbereiteten Stunden bieten, ganz bewusst. Planen Sie sie in größeren Zeitabständen als eine Art „Nullprobe" in Ihre Langzeitplanung ein, und verbessern Sie mithilfe einer solchen Stunde Ihre Feinjustierung in Bezug auf die jeweilige **❯ Tipp 81** Lerngruppe (Tipp 81).

Achtung!

> Wenn Sie das erste Mal eine solche „Nullprobe" einsetzen, machen Sie es besser in einer Klasse, mit der Sie gut zusammenarbeiten und nicht gleich in einer schwierigen Gruppe.

41

Schule wird ja oft vorgeworfen, sie hätte mit dem wirklichen Leben wenig zu tun. Auch Schüler sehen bisweilen keinen Bezug zwischen Unterricht und Lebenswirklichkeit: „Wozu brauche ich das denn überhaupt?" Daher ist es besonders wichtig, dass Sie jede Gelegenheit nutzen, um Dinge, die sich gerade ereignen und die in irgendeiner Weise für Ihre Schüler und das Thema relevant sind, in Ihren Unterricht mit einzubeziehen.

Flexibel sein

Achtung!

> Hier ist Ihre grundlegende Bereitschaft gefordert, Ihre Unterrichtsplanung zur Not innerhalb von Minuten, z.B. aufgrund einer Meldung im Radio oder online, komplett umzuschmeißen und sich dann auf dem Weg in die Klasse den günstigsten Zugang zu dem Thema für Ihre Schüler zu überlegen.

Möglichkeiten, aktuelle Entwicklungen spontan in den Unterricht einzubauen, bieten sich Ihnen in jedem Fach: Hier nur einige Beispiele:

- In Ihrem Bundesland finden Landtagswahlen statt (Geschichte/Sozialkunde).
- In Arabien bricht eine Revolution aus (Politische Weltkunde).
- Am CERN wird ein neues Teilchen entdeckt (Physik/Chemie).
- Fußballweltmeisterschaft der Frauen/Männer (Sport).

- Umweltkatastrophen (Biologie).
- Eine Prügelei auf dem Schulhof (Ethik).
- Sie wollen den Klassenraum neu streichen (Mathematik).

Diese Liste ließe sich noch beliebig fortführen. Wichtig ist, dass Sie in Ihrem Privatleben bewusst Augen und Ohren offen halten und Aktuelles darauf abklopfen, ob es sich in den Unterricht integrieren lässt (Tipp 77).

Tipp 77

Achtung!

Sie dürfen natürlich nicht durch permanente thematische Sprünge aufgrund von aktuellen Ereignissen (z. B. in Sozialkunde oder Politischer Weltkunde) Ihre mittel- und langfristigen Ziele aus den Augen verlieren. Einem solchen Unterricht würde der berühmte rote Faden fehlen und mit Recht bei den Schülern zu Frustrationen führen.

Gleich mal ausprobieren

Biologieunterricht in der 7. Klasse, die Schüler entnehmen Informationen aus einem Schulbuchtext. Auf einmal helle Aufregung. Eine völlig erschöpfte Biene hat sich auf der Fensterbank niedergelassen. Anstatt das Tier aus dem Fenster wieder in die Freiheit zu befördern, um die Ruhe schnell wieder herzustellen, setzen Sie es auf Ihr Pult (noch besser auf Ihre Hand) und lassen es die Schüler in Ruhe betrachten. Jetzt können Sie sich der ungeteilten Aufmerksamkeit der ganzen Klasse sicher sein und einige biologische Fakten ansprechen. Beispielsweise, dass es sich um eine Wespe (schwarzgelb) und nicht, wie zuerst vermutet, um eine Biene (braun) handelt, dass drei Wespenstiche nicht sofort tödlich sind und dass das Tier nach einem Stich nicht stirbt, weil der Wespenstachel (anders als der Bienenstachel) keine Widerhaken besitzt und deshalb nicht aus dem Hinterleib des Insekts herausgerissen wird.

42

„Wenn du etwas so machst, wie du es seit zehn Jahren gemacht hast, dann sind die Chancen groß, dass du es falsch machst." *(Charles Kettering, amerikanischer Ingenieur)*

Das leuchtet ein, oder? Gerade in einer Umwelt, die sich durch die digitalen Medien und den rasanten Fortschritt in vielen wissenschaftlichen Disziplinen immer schneller verändert, ist man als Lehrer gezwungen, permanent sein Fachwissen auf den aktuellen Stand zu bringen und seinen Unterricht den Gegebenheiten immer wieder neu anzupassen. Das mag banal klingen, lässt sich aber auch als latente Drohung verstehen und bedeutet für viele Kollegen eine gefühlte oder echte Überforderung.

Sie kommen im Laufe der Jahre zu der Überzeugung, diesem hohen Anspruch immer weniger gerecht werden zu können, reagieren mit Schuldgefühlen und verlieren den Spaß an ihrer Arbeit. Tatsächlich ist es mit einer vollen Stelle fast unmöglich, seine bewährten Unterrichtsplanungen ständig daraufhin zu überprüfen, ob sie den aktuellen Anforderungen noch gerecht werden und sie gegebenenfalls durch völlig neue zu ersetzen. Im Gegenteil, man ist froh, wenn man auf Material zurückgreifen kann, das in der Vergangenheit gut funktioniert hat und das bereits fertig ausgearbeitet zur Verfügung steht.

Sie befinden sich also in einem Dilemma. Sich selbst und seinen Unterricht permanent zu hinterfragen, ist auf Dauer nicht zu leisten. Sich aber, nachdem man die Materialien für alle Klassen und Fächer einmal erarbeitet hat, gar nicht mehr weiterzuentwickeln, ist auch keine Lösung.

Ansprüchen
gerecht werden

Um die Ecke gedacht

> Stellen Sie sich nur einmal kurz vor, Sie würden nach 40 Dienstjahren immer noch denselben Arbeitsbogen einsetzen, den Sie bereits als Referendar entwickelt haben. Nach einer Zeit also, in der sich Ihr eigener Körper wenigstens fünfmal komplett erneuert hat, arbeiten Sie noch immer mit demselben Material?!

Regelmäßig überarbeiten

Die Lösung liegt, wie so oft, zwischen diesen beiden Extremen. Versuchen Sie, pro Unterrichtswoche zwei bis drei Stunden komplett neu auszuarbeiten, was bei einer vollen Stelle ungefähr zehn Prozent Ihres Unterrichts entspricht. Das ist auch auf Dauer machbar und aus unserer Sicht völlig ausreichend. Vor allem aber werden Sie sehr schnell feststellen, dass es in den meisten Fällen richtig Spaß macht, einmal wieder etwas Neues zu entwickeln und auszuprobieren, statt immer nur auf den ausgetretenen Pfaden zu wandeln (Tipp 25, 43, 47).

❯Tipp 25, 43, 47

43 DAS GLEICHE MEDIUM ANDERS EINSETZEN

Eine Unterrichtsstunde oder sogar eine ganze Unterrichtseinheit komplett neu zu gestalten, ist normalerweise eine ziemlich zeitaufwändige Angelegenheit. Oft ist es aber überhaupt nicht notwendig, gleich die ganze Stunde umzuwerfen und etwas völlig anderes an ihre Stelle zu setzen, wenn man etwas Neues ausprobieren möchte. Oft reicht es schon, die vorhandenen Medien besser zu nutzen.

Achtung!

Gerade als Referendar neigt man dazu, Unmengen von mühsam erarbeitetem Material zu „verschleudern", weil man sich über die verschiedenen Einsatzmöglichkeiten noch nicht im Klaren ist und weil man, um das Heft des Handelns in der Hand zu behalten, viel zu lehrerzentriert arbeitet, anstatt den Schülern die Möglichkeit zu eröffnen, sich möglichst viele Inhalte selbstständig zu erarbeiten (Tipp 26, 27).

❯Tipp 26, 27

Sehen Sie sich Ihre alten Unterrichtsplanungen vor einem erneuten Einsatz stets noch einmal genau an und überlegen Sie bei jedem Medium, ob es sich nicht vielleicht auch ganz anders und damit unter Umständen besser einsetzen lässt:

- Lassen Sie den Arbeitsbogen statt in Einzel- oder Partnerarbeit in arbeitsgleicher Gruppenarbeit bearbeiten.
- Lesen Sie den Text nicht mit der ganzen Gruppe, sondern lassen Sie die Schüler in Einzelarbeit die Schlüsselwörter unterstreichen und stellen Sie dann Ihre Fragen zum Text nicht mündlich, sondern schriftlich.
- Bei Kartenarbeit oder beim Arbeiten mit OH-Folien müssen nicht zwingend Sie die Fragen, z. B. zur Topographie stellen. Lassen Sie einen oder zwei gute Schüler Ihren Job erledigen und setzen Sie selbst sich auf den Platz eines der Schüler.

Um die Ecke gedacht

Dieser zweifache Perspektivwechsel bietet sowohl Ihnen, als auch den betreffenden Schülern die Möglichkeit, den Unterricht für kurze Zeit mit den Augen des Anderen zu sehen und zu erleben, was auf beiden Seiten zu positiven Effekten führen kann. Zudem zeigt es der Gruppe, dass auch die Schüler Verantwortung für das Gelingen des Unterrichts tragen.

- Machen Sie das Experiment nicht einfach vor, sondern erläutern Sie Ihren Schülern die Problemstellung und lassen Sie sie den experimentellen Aufbau selbst austüfteln.
- Lassen Sie die Pro- und Contrapositionen in einem Text nicht nur tabellarisch herausarbeiten, sondern wagen Sie sich stattdessen (oder zusätzlich) an ein Rollenspiel, zur besseren Verdeutlichung der beiden Standpunkte.
- Besprechen Sie nicht die kleine Abbildung im Geschichtsbuch, sondern fertigen Sie davon eine farbige OH-Folie an und bündeln Sie so die Aufmerksamkeit. Mit nichtpermanenten Folienstiften können Sie nun Details herausarbeiten.

44

Wie bereits an anderer Stelle erwähnt, wohnt längst nicht jedem Anfang ein Zauber inne, und das wäre bei ungefähr 20 Stundeneröffnungen pro Woche auch ein bisschen viel verlangt. Was man aber unter allen Umständen vermeiden sollte, ist, dass die Schüler schon wenn Sie in der Tür erscheinen, exakt wissen, wie die nächsten fünf Minuten verlaufen werden. Das hat zwar auch seine Vorteile, und bietet sowohl den Schülern als auch dem Lehrer Sicherheit und Verlässlichkeit, aber es tötet irgendwann jedes echte Interesse und endet langfristig in entsetzlicher Langeweile (Tipp 40, 81).

❯ Tipp 40, 81
Bleiben Sie
gefährlich!

Versuchen Sie deshalb, auf Dauer die richtige Balance zu finden zwischen Verlässlichkeit und Überraschung: Bleiben Sie gefährlich! Machen Sie sich auch bei einer bereits oft erprobten Unterrichtsstunde vorab Gedanken, ob man nicht vielleicht einen neuen, anderen Einstieg finden kann, der die Schüler noch direkter anspricht, noch schneller zum Ziel führt oder noch stärker ihr Interesse weckt.

Es gibt eine Vielzahl möglicher Unterrichtseinstiege. Wir bieten Ihnen im Folgenden nur eine kleine Auswahl, die sich dadurch auszeichnet, dass die hier aufgeführten Stundeneinstiege ein wenig anders sind, als die meisten herkömmlichen. Die ersten beiden Beispiele beziehen sich auf Anknüpfungs-, die letzten beiden auf Einführungsstunden:

- **Gemeinsames Erinnern:** Statt der vielfach üblichen mündlichen Wiederholung durch einen einzelnen Schüler, geben Sie der ganzen Klasse bewusst drei Minuten Zeit, noch einmal in den Hefter zu schauen, um sich die Ergebnisse der letzten Stunde zu vergegenwärtigen und stellen erst dann Ihre Fragen.

Achtung!

Diese Form des Anknüpfens an die letzte Stunde dürfen Sie nur in großen zeitlichen Abständen anwenden, weil Ihre Schüler sonst keine Veranlassung mehr sehen, sich zu Hause individuell vorzubereiten.

- **Lehrer gegen Klasse:** Verpacken Sie Ihre Wiederholungsfragen zu Stundenbeginn in fünf klare Aussagesätze. Nach jedem Satz müssen sich Ihre Schüler auf ein Signal von Ihnen sofort entscheiden, ob die getroffene Aussage richtig oder falsch ist. Indem sie z. B. sitzen bleiben (= falsch) oder aufstehen (= richtig). Lag die Mehrheit der Klasse richtig, geht der Punkt an die Gruppe. Haben Sie es geschafft, die Mehrheit der Schüler hinters Licht zu führen, geht der Punkt an Sie. Natürlich sollten die Schüler anschließend ihr Abstimmungsverhalten auch begründen können.
- **Stummer Impuls:** Präsentieren Sie der Klasse ein Bild oder eine kurze schriftliche Aussage und tun Sie anschließend nichts! Wirklich, absolut nichts. Das ist nicht nur für Sie, sondern auch für Ihre Schüler eine völlig neue Erfahrung. Widerstehen Sie dabei dem Impuls irgendetwas zu erklären, auch wenn Sie dazu aufgefordert werden. So lange, bis die Gruppe von sich aus beginnt, Theorien zum Medium zu entwickeln.
- **Provokante These:** Locken Sie Ihre Schüler mit einer pointierten Behauptung aus der Reserve. Sie dürfen dabei nicht zimperlich sein, sondern sollten bewusst die viel zitierte Political Correctness missachten oder eine absurde naturwissenschaftliche Theorie vertreten.

KREATIVITÄT TRAINIEREN

45

Es gibt zahlreiche Methoden, mit denen man Kreativität entwickeln kann. Auch wenn Sie meinen, Sie seien nicht kreativ, Kreativität kann man tatsächlich trainieren. Aber – von nichts kommt nichts. Auch Kreativität zu entwickeln ist eine intensive Denkarbeit, manchmal so anstrengend wie Leistungssport.

Kreativität ist Leistungssport

Wenn Sie also nicht mehr wissen, was Sie in der nächsten Stunde noch machen können, muss Ihnen Ihre Kreativität auf die Sprünge helfen. Natürlich ist nicht jede der in diesem

Band genannten Techniken für jeden Lehrertyp passend.

❯ Tipp 46, 48, 50–53 Finden Sie „Ihre" Methode (Tipp 46, 48, 50–53)!

Gleich mal ausprobieren

Kreativität können Sie überall trainieren. Man sieht Ihnen nicht an, worüber Sie sich gerade den Kopf zerbrechen. Die Gedanken sind frei. Also, wo Sie auch gehen, stehen und fahren (in den öffentlichen Verkehrsmitteln, nicht selbst am Lenkrad!), trainieren Sie Ihre Kreativität: Sehen Sie sich Ihre Umwelt genau an und versuchen Sie, aus Wörtern auf Werbetafeln und Schildern Sätze zu bilden. Jeder Buchstabe des Wortes, das Sie sich ausgesucht haben, bildet den Anfangsbuchstaben eines Wortes des auszudenkenden Satzes (Akronym/Backronym).

Stellen Sie an sich selbst die höchsten Ansprüche! Irgendwann denken Sie sich nur noch Sätze zu bestimmten Themen aus (Urlaub, Wetter, aktuelle Tagespolitik usw.).

Zahlreiche Kreativitätstechniken finden Sie auch im Internet unter http://de.wikipedia.org/wiki/Kreativitätstechniken.

BRAINSTORMING – GEHT AUCH ALLEIN

46

Das Brainstorming („Sturm im Gehirn") ist eine Kreativtechnik, die jeder kennt. Dennoch: Brainstorming ist keine Freizeitbeschäftigung, sondern Denkarbeit mit Höchstleistungscharakter. Sie ist die gängigste Methode, der Kreativität auf die Sprünge zu helfen. Lassen Sie den Gedanken freien Lauf und denken Sie erst einmal gar nicht an die Schule, die Klasse oder die nächste Unterrichtswoche. Schreiben Sie einfach auf, was Ihnen einfällt. Jede Idee, die Ihnen einfällt.

❯ Tipp 47, 49 Versuchen Sie nicht, Ideen und Einfälle von vornherein auf ihre Machbarkeit zu überprüfen (Tipp 47, 49). Es ist viel einfacher, eine verrückte Idee auf ein rationales Maß zurückzuschneiden als eine langweilige Idee aufzubauschen und interessant zumachen.

Gleich mal ausprobieren

Eigentlich ist das Brainstorming eine Methode, die man mit mehreren Personen gemeinsam macht, sie lässt sich aber auch allein durchführen. Ihnen werden einige Ideen einfallen, danach entsteht zunächst ein Loch. Hier dürfen Sie nicht aufgeben! Denken Sie an dieser Stelle nicht, dass es das schon war. In der Regel kommen einem in einem zweiten Anfall von Ideen nach dem Loch noch viel bessere Einfälle.
Binden Sie ab und an auch Ihre Familie und Freunde mit ein. Oder treffen Sie sich im Internet-Chat mit Kollegen und brainstormen Sie online (Tipp 72). Das funktioniert auch!

❯ Tipp 72

KREATIV DIE ANDEREN HERAUSFORDERN

47

Manchmal geht es den Kollegen so wie Ihnen – einem fällt einfach nichts ein. Manchmal hat aber auch einer eine tolle Idee, von der Sie profitieren können.
Schreiben Sie auf ein Blatt Papier: „Ich brauche eine Idee für die nächste …-Stunde. Die beste Idee wird prämiert." Lassen Sie den Zettel im Lehrerzimmer liegen.
Sie werden staunen, wie viele Ideen im Laufe einiger weniger Tage zusammenkommen (Tipp 49).

❯ Tipp 49

Um die Ecke gedacht

Besonders reizvoll wird es, wenn Sie den Zettel anonym verfassen. Dann geht im Lehrerzimmer das wilde Spekulieren über den Verfasser los. Eventuell möchten sich die Kollegen sogar mit guten Ideen übertrumpfen. Vergessen Sie nicht, sich eine lustige Prämie auszudenken!

48

Unter Druck lässt es sich bekanntlich schlecht arbeiten. Und die Erfahrung lehrt, dass man für eine Sache, die man in Hektik macht, länger braucht als wenn man sie in Ruhe erledigt hätte. Sagen Sie zwanzig Menschen, sie sollen so schnell wie möglich in den Bus einsteigen. Stoppen Sie die Zeit. Und nun noch einmal, aber ganz in Ruhe. Was ging schneller?

Gesunder Zeitdruck

Trotzdem: Manch einer braucht etwas „gesunden" Zeitdruck, um in die Gänge zu kommen. Gerade wenn man schon lange über eine Sache gegrübelt hat und einfach nicht so recht weiterkommt, muss man sich selbst manchmal etwas unter Druck setzen (Tipp 79).

❯ Tipp 79

Gleich mal ausprobieren

Nehmen Sie sich drei Minuten Zeit, um auf drei gute Ideen zu kommen. Stellen Sie sich dazu eine Küchenuhr und versuchen Sie, in diesen drei Minuten ungestört zu sein. Immerhin haben Sie rein rechnerisch für jede der drei Ideen eine Minute Zeit. Das müsste doch zu schaffen sein, oder?

Diese Methode können Sie auch mit mehreren Personen, z. B. im Lehrerzimmer oder auf einer Konferenz anwenden. Dann spricht man von der „Methode 635": Sechs Teilnehmer erhalten ein Blatt mit drei Spalten und sechs Zeilen (also 18 Zellen).

Meine Ideen:	1.:	2.:	3.:
Ideengeber 2:			
Ideengeber 3:			
Ideengeber 4:			
Ideengeber 5:			
Ideengeber 6:			

Jeder der sechs Teilnehmer schreibt in die erste Zeile drei Ideen. Nach drei bis fünf Minuten werden die Blätter im Uhrzeigersinn weitergegeben und der Nächste greift die Idee auf, ergänzt sie oder entwickelt sie weiter.

Mit dieser Methode können innerhalb von 20 bis 30 Minuten 108 Ideen entwickelt werden.

IDEEN SOFORT NOTIEREN

49

Legen Sie sich ein kleines, schönes Notizbuch zu, das Sie immer bei sich haben können, ein Ideen-Tagebuch. Gewöhnen Sie sich an, jede Idee, die Ihnen einfällt, in diesem Notizbuch in Stichpunkten, mit einigen Sätzen oder einer Skizze sofort festzuhalten.

Erscheint Ihnen eine Idee auch noch so abwegig, schreiben Sie sie auf! Denn Sie wissen ja: Im Nachhinein ist es einfacher, eine Idee einzudampfen als aufzuplustern. Und wenn Sie dann wieder einmal ideentechnisch auf dem Trockenen sitzen, greifen Sie einfach zu Ihrem Notizbüchlein und blättern es durch.

Notizbuch
dabeihaben

Um die Ecke gedacht

Für zu Hause eignet sich auch ein Stehsammler, in dem Sie Broschüren, Zeitungsausschnitte und Konzepte sammeln können, hinter denen aus Ihrer Sicht eine gute Idee steckt, die Sie aber zurzeit nicht umsetzen können (Tipp 8). Bei gelegentlicher Durchsicht entdecken Sie vielleicht etwas Passendes, während manches dabei doch endgültig in den Papierkorb wandert.

❯ Tipp 8

Gleich mal ausprobieren

Schenken Sie drei oder vier Kollegen ein kleines Notizbuch und bitten Sie sie darum, in den nächsten Tagen alles aufzuschreiben, was ihnen zu dem Thema xy einfällt (Tipp 47). Warum sollten die Kollegen das tun? Die haben doch selbst ge-

❯ Tipp 47

nug mit ihrer Unterrichtsvorbereitung zu tun? Weil sie später selbst davon profitieren können! Stellen Sie die Ideen am Ende in einem „Ideenpool" zusammen und geben Sie diesen an Ihre „Mitarbeiter" weiter.

IDEEN AUF DEN PUNKT BRINGEN

50

Werbeslogan entwickeln

Die Werbebranche beschäftigt in ihren Agenturen Menschen, die den ganzen Tag nichts anderes machen, als zu texten: Werbeslogans, Botschaften, Claims.

Entwickeln Sie einen Werbeslogan zu dem Unterrichtsthema, das Sie gerade bearbeiten. Schreiben Sie die drei wichtigsten Eigenschaften oder Ziele Ihres Themas auf. Nun versuchen Sie, diese sinnvoll miteinander zu verknüpfen. Mithilfe dieser Methode gelingt es Ihnen, die wesentlichen Kernaussagen eines Themas zu finden. Gleichzeitig formulieren Sie damit das entscheidende Lernziel, das die Schüler erreichen sollen.

Um die Ecke gedacht

Denken Sie dabei an den Slogan einer nicht wenig erfolgreichen Marke alkoholfreien Bieres. Diese wollte mit ihrem Slogan deutlich machen, dass man das Bier eigentlich immer (also auch, wenn man anschließend noch Auto fahren möchte) trinken kann, und dass es noch nicht oft genug getrunken wird. Die beiden Wörter „immer" und „öfter" waren wichtiger Bestandteil eines der markantesten, bekanntesten und erfolgreichsten Slogans der vergangenen Jahre: „Nicht immer, aber immer öfter."

Diese Aufgabe kann nicht nur sehr lustig sein, weil einfach überraschende Kombinationen von Wörtern oder kurzen Sätzen entstehen können, darüber hinaus kann sie sowohl allein als auch von einer ganzen Lerngruppe, in Einzel-, Partner- und Gruppenarbeit erledigt werden.

Denken Sie andersherum. Diese Kreativtechnik ist äußerst effektiv und kann auch sehr gut mit Schülern gemeinsam angewendet werden.

Sie möchten z. B. Regeln für ein gemeinsames Projekt aufstellen. Fangen Sie einfach verkehrt herum an und formulieren Sie Regeln, an die man sich halten muss, damit alles, aber auch wirklich alles schiefgeht. Diese könnten dann so aussehen:

1. Delegieren Sie alles!
2. Delegieren Sie nichts!
3. Verfahren Sie nach dem Motto „Wissen ist Macht" und teilen Sie nie alles allen am Projekt Beteiligten mit.
4. Setzen Sie unrealistische Ziele und stellen Sie dazu so wenig wie möglich Ressourcen zur Verfügung.
5. Bleiben Sie in Ihrer Zielformulierung möglichst unkonkret. So wird ein gegebenenfalls erreichtes Ziel nie das sein, welches Sie selbst erreichen wollten.
6. Vereinbaren Sie Termine zur Überprüfung des Stands der Dinge und legen Sie diese Termine kurzfristig um oder noch besser: Sagen Sie Termine regelmäßig kurzfristig (ohne Begründung!) ab.
7. Wenn Sie schon eine Zeitplanung machen, dann planen Sie nur kurze und zu enge Zeiträume zum Erreichen von Teilzielen.
8. Versuchen Sie, die zwischenmenschlichen Beziehungen der Beteiligten zu zerstören, indem Sie sich vor Einzelnen abfällig über die Leistungen der anderen äußern.
9. Starten Sie möglichst viele ähnliche Projekte ohne genaue Zielabgrenzung zur gleichen Zeit. Fahren Sie alle an die Wand. Daraus ergeben sich dann sogar noch Synergieeffekte.
10. Wenn das Projekt dann ordentlich danebengegangen ist, vergessen Sie nicht, die Schuld auf andere zu schieben. Wertschätzungen der Leistungen der anderen Beteiligten sollten Sie am Ende, aber auch schon während des ganzen Projekts, tunlichst vermeiden.

Zum Scheitern
verurteilt

Gleich mal ausprobieren

Um die Kopfstand-Methode anzuwenden, gehen Sie am besten folgendermaßen vor:

- Kehren Sie die zu bearbeitende Aufgabe um.
- Finden Sie zu dieser Umkehraufgabe Lösungen.
- Stellen Sie die Lösungen der umgekehrten Aufgabe auf den Kopf.
- Leiten Sie daraus Ihre Lösungsideen für die ursprüngliche Aufgabe ab.

IN UNTERSCHIEDLICHEN ROLLEN DENKEN

52

„Walt-Disney-Methode"

Walt Disney hatte drei Plätze zum Nachdenken: einen für die Rolle des Träumers, einen für den Realist und einen für den Kritiker. Deswegen heißt diese Kreativtechnik auch die „Walt-Disney-Methode".

Suchen Sie sich in Ihrer Wohnung drei entsprechende Plätze, eventuell sogar in unterschiedlichen Räumen (etwa den Träumer im Schlafzimmer, den Realist im Wohnzimmer und den Kritiker in der Küche). Begeben Sie sich nacheinander an diese drei Plätze und durchdenken Sie Ihr Thema:

Träumer, Realist, Kritiker

- Träumer: Was wäre in Bezug auf das Thema wünschenswert?
- Realist: Wie kann ich den Traum in die Realität umsetzen?
- Kritiker: Welche Gefahren und Probleme kann es dabei geben?

Jeder der drei Plätze ist gleichberechtigt: Keiner ist wichtiger oder unwichtiger. Alle werden für das aktuelle Thema/Anliegen gebraucht.

Gleich mal ausprobieren

Versetzen Sie sich in die unterschiedlichen Rollen und suchen Sie wirklich die entsprechenden Räume auf. Notieren Sie Stichpunkte an den unterschiedlichen Plätzen und entwickeln Sie daraus Ihr Vorhaben für den Unterricht.

Unterrichtsthema:	
Was wäre in Bezug auf das Thema wünschenswert?	
Wie kann ich den Traum in die Realität umsetzen?	
Welche Gefahren und Probleme kann es dabei geben?	
Für die Planung des Vorhabens bedeutet das:	

SICH MIT MINDMAPPING VORBEREITEN

53

Nicht nur als Methode im Unterricht, sondern auch für die Unterrichtsvorbereitung selbst, ist die Mindmapping-Methode geeignet. Mithilfe einer Mindmap (Assoziogramm) finden Sie Unterrichtsinhalte und Verknüpfungen, die Ihnen so vielleicht noch gar nicht bewusst waren.

Der Ausgangspunkt für ein Assoziogramm muss nicht ein Wort oder ein Thema sein, Sie können ebenso ein Bild, eine Grafik oder eine Karikatur verwenden.

Gegenüber dem Brainstorming (Tipp 46) hat diese Methode ❯ Tipp 46 den Vorteil, dass hier von vornherein strukturiert vorgegangen wird und Zusammenhänge dargestellt werden. Beim Brainstorming hingegen müssen alle gefundenen Ideen anschließend noch gewichtet und sortiert werden.

Beispiel: Mindmap im Musikunterricht

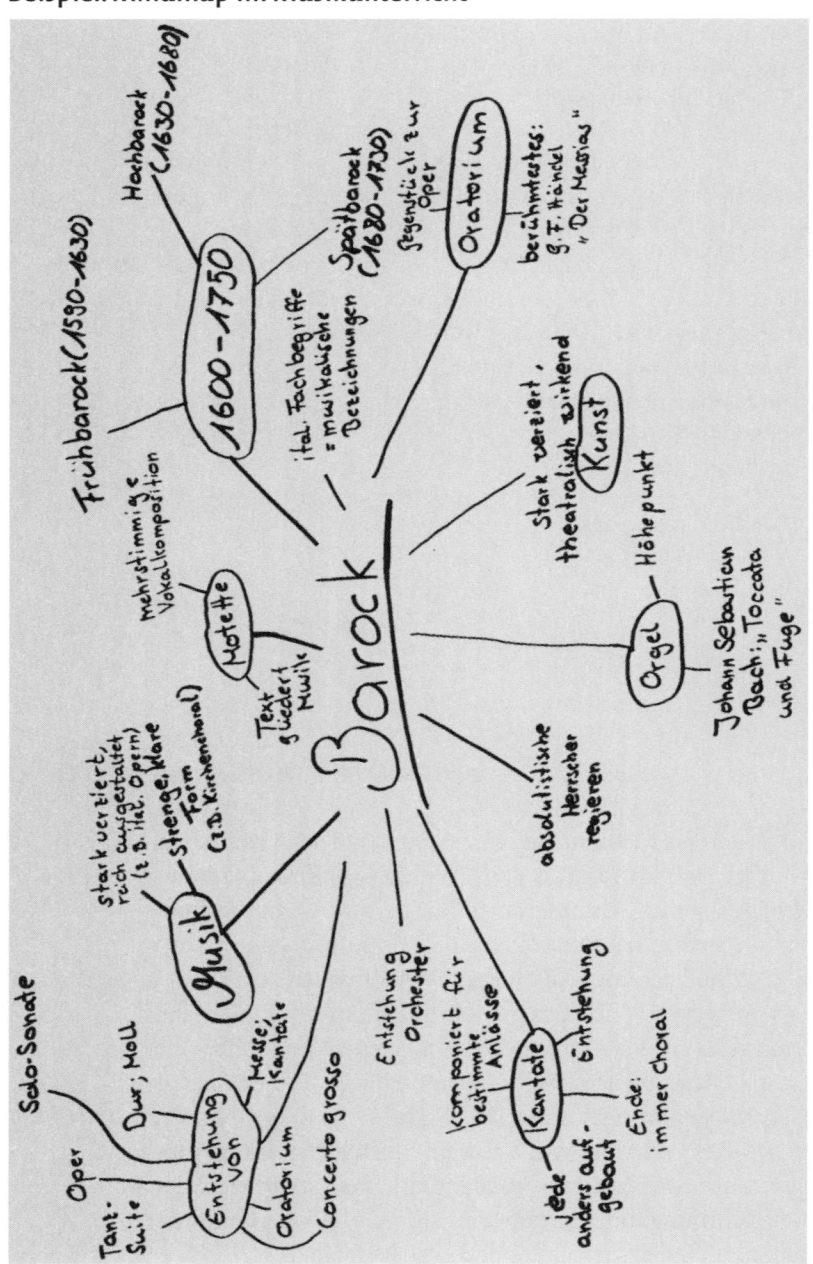

54

Die 8/3 war wieder extrem laut und Ihre Planung bereits nach fünf Minuten nur noch Makulatur? Die Schüler nahmen Sie kaum wahr, und Sie hatten wiederholt das Gefühl völliger Hilflosigkeit und schließlich nur noch den Wunsch, es würde endlich klingeln? Kommen Sie so aus einer Stunde heraus, ist klar, dass Sie sofort etwas unternehmen müssen. Damit Ihnen dies gelingt, müssen Sie relativ großen Aufwand betreiben. Einen, der nur über einen kurzen Zeitraum zu leisten ist und daher auch nur bei extrem schwierigen Klassen betrieben werden kann und sollte. Besteht die Problematik in mehreren Klassen, haben Sie ein strukturelles Problem und müssen grundlegend etwas in Ihrem Unterricht verändern. Handelt es sich aber um einen, in der Gruppenzusammensetzung begründeten Einzelfall, sollten Sie sich den folgenden Grundsatz zu eigen machen: „Man sollte die Dinge so nehmen, wie sie kommen. Aber man sollte dafür sorgen, dass die Dinge so kommen, wie man sie nehmen möchte." *(Curt Goetz)*

Strategiewechsel einleiten

Mit anderen Worten: Sie können zwar die Gruppenzusammensetzung nicht ändern (außer die Sitzordnung!), aber Sie können und müssen dafür sorgen, dass die Dinge sich so entwickeln, wie Sie es möchten. Dazu ist es notwendig, dass Sie die nächsten Stunden in dieser Klasse zu Hause komplett, von der ersten bis zur letzten Minute, gedanklich durchspielen (Tipp 20, 39, 55–57). Lassen Sie die gesamte Stunde auf der Grundlage Ihrer zuvor erarbeiteten Verlaufsplanung wie einen Film vor Ihrem geistigen Auge ablaufen:

❯Tipp 20, 39, 55–57

- Wechseln Sie dabei auch die Perspektive. Versuchen Sie sich und Ihr Verhalten mit den Augen eines Schülers zu sehen.

Kopfkino

- Spielen Sie unterschiedliche Reaktionen der Schüler auf Ihre Anweisungen durch.
- Geben Sie sich nicht mit einem „Gedankenfilm" zufrieden, sondern machen Sie sich die Mühe, mit etwas zeitlichem Abstand, die Stunde ein zweites Mal komplett durchzuspielen.

Sicherheit
ausstrahlen

Das alles kostet zwar ziemlich viel Energie, ist aber eine ausgezeichnete Methode, um sich die notwendige Souveränität für solche schwierigen Stunden zu erarbeiten. So gewinnen Sie Sicherheit hinsichtlich Ihres Vorgehens und können diese in der Stunde auch ausstrahlen.

Achtung!

Bewahren Sie eine professionelle Distanz zur Situation. Bauen Sie vor allem keine Feindbilder in Bezug auf einzelne, besonders renitente Schüler auf. Deren Verhalten hat weniger mit Ihnen persönlich zu tun, als vielmehr mit der Rolle, die Sie im Unterricht zu spielen haben.

ALTERNATIVEN VORAB PLANEN

55

Wenn Sie bereits bei der Vorbereitung der Stunde in Bezug auf eine bestimmte Unterrichtssequenz unsicher sind, ob sich die von Ihnen gewählte relativ offene Form in dieser speziellen Gruppe auch wirklich erfolgreich durchführen lässt, dann sollten Sie sich schon bei der Planung vorab eine geschlossenere Alternative überlegen. Denn nichts ist schlimmer (vor allem für Berufsanfänger), als vor der Klasse zu stehen, zu sehen, dass die verwendete Methode nicht funktioniert und dann unter Zeitdruck verzweifelt nach einem Ausweg suchen zu müssen (Tipp 26). Dieser unter großem psychischen und zeitlichen Druck ergriffene Strohhalm führt nur selten zu einem zufriedenstellenden Ergebnis. Fahren Sie daher bewusst von Anfang an zweigleisig. Starten Sie mit der offeneren Variante, die dem selbstständigen Arbeiten Ihrer Schüler mehr Raum gibt und haben Sie für den Fall, dass die Gruppe Ihr Angebot nicht zu würdigen weiß, die lehrerzentriertere Form sofort parat. Auf diese Weise präsentieren Sie sich den Schülern als souveräner Lehrer, der bei Schwierigkeiten sofort angemessen und situationsgerecht reagieren kann.

▶ Tipp 26

Situationsgerecht
reagieren

Gleich mal ausprobieren

Sie können der Klasse auch von vornherein beide Unterrichtsmethoden vorstellen und die Schüler selbst entscheiden lassen, mit welcher von beiden sie arbeiten wollen. So entwickeln diese nicht nur eine größere Akzeptanz in Bezug auf die verwendete Methode, sondern fühlen sich für das Gelingen der von ihnen ausgewählten Unterrichtssequenz auch in besonderer Weise verantwortlich.

Um die Ecke gedacht

Anstatt mit der offenen Form zu beginnen und bei Bedarf bei der geschlosseneren Zuflucht zu suchen, können Sie in besonders schwierigen Gruppen auch umgekehrt vorgehen. Arbeiten Sie anfangs mit der für die Schüler unangenehmeren Variante (z. B. schriftliche Textanalyse in Einzelarbeit) und stellen Sie dann, für den Fall, dass dies reibungslos funktioniert, einen Versuch mit der in der Regel angenehmeren offenen Form (z. B. Besprechen des Textes im Plenum, im fragend entwickelnden Verfahren) in Aussicht.

POSITIVE VERSTÄRKUNGEN ÜBERLEGEN

56

Positive Verstärkungen wie Lob, Ermutigung oder kleine Belohnungen, sind in ihrer Wirkung kaum zu überschätzen, werden aber von vielen Lehrern unterschätzt, weil sie häufig erst mittel- oder langfristig wirken, dann allerdings umso nachhaltiger. Gerade bei Einzelnen oder Gruppen, die es gewohnt sind, dass ihnen aufgrund ihres schulinternen schlechten Rufs von allen Seiten eher Ablehnung entgegenschlägt und die vor allem mit Sanktionen gesteuert werden, können diese Mittel – richtig eingesetzt – eine Menge bewirken. Positive Verstärkungen gehören neben Sanktionen zu den wichtigsten Mitteln, wenn es um die Steuerung von Schülerverhalten geht (Tipp 57). Es ist also sinnvoll,

❯ Tipp 57

sich bei problematischen Gruppen bereits im Vorfeld über beide Steuerungsinstrumente ausführlich Gedanken zu machen.

Um die Ecke gedacht

Generell sollte man sich darüber im Klaren sein, dass im Vergleich zu unseren europäischen Nachbarn im deutschen Schulwesen eher die Tendenz besteht, fehlerorientiert zu arbeiten. Man konzentriert sich auf die Schwächen des Schülers, anstatt seine Stärken gezielt zu fördern. Daher ist Kritik durch den Lehrer das tägliche Brot eines Schülers, weshalb er umso dankbarer auf positive Rückmeldungen reagiert.

Sie sollten sich bemühen, Ihr Repertoire an positiven Verstärkungen zu erweitern und es differenziert einzusetzen, denn undifferenziertes Lob wie „toll gemacht" o. Ä., das nach dem Gießkannenprinzip verteilt wird, nutzt sich sehr schnell ab. Als Hilfestellung hier einige wichtige Hinweise:

- Verzichten Sie auf die aus der Primarstufe bekannten Fleißbienchen und Ähnliches. Diese extrinsischen Motivationen sind in der Sekundarstufe „uncool"!
- Ermutigen Sie Schüler mit wenig Vertrauen in die eigenen Fähigkeiten durch gezielte Ermutigungen: „Du schaffst das, trau dich" o. Ä.
- Loben Sie, sobald es inhaltlich irgendwie vertretbar ist, die Schüler für Lernfortschritte, wie z. B. „Deutlich verbessert, sehr viel besser als früher."
- Geben Sie den Schülern bei mündlichen Äußerungen ausreichend Zeit, auch wenn es schwerfällt. Warten Sie solange, bis Sie abbrechen müssen, weil es sonst für den Betreffenden peinlich werden würde und unterstützen Sie ihn währenddessen auch nonverbal.
- Extrem wirksam ist ein Lob am Stundenende für die gesamte Klasse, wenn Sie es mit einer Ich-Botschaft verbinden: „Sehr diszipliniert gearbeitet, habt 'ne Menge gelernt, mir hat's heute Spaß gemacht."

57

Ein Schüler vergreift sich Ihnen gegenüber im Ton, verhält sich völlig distanzlos oder weigert sich, Ihrer Anweisung Folge zu leisten? In allen drei Fällen müssen Sie sofort eine Entscheidung fällen, die nicht nur für den konkreten Fall von großer Bedeutung ist, sondern auch Weichen für die Zukunft stellt und vom Rest der Gruppe ganz genau beobachtet wird. Leider ist es sehr schwierig und bedarf einer gewissen Erfahrung und viel Empathie, um in der konkreten Situation, in der man meistens selbst sehr stark emotional involviert ist, die richtige Entscheidung zu treffen.

Sie sollten sich daher, wenn Sie zu Hause die Stunde vorbereiten (Tipp 54, 55, 60), bereits überlegen, welche Sanktionen für bestimmte Schüler oder bestimmte Arten von Fehlverhalten am besten geeignet sind. Dabei empfiehlt es sich, die folgenden Grundsätze so weit wie möglich zu beachten, denn falsche oder schlechte Sanktionen entfalten eine noch verheerendere Wirkung als falsches Lob:

❯ Tipp 54, 55, 60

- Die Sanktion sollte in einem möglichst engen sachlichen Zusammenhang mit dem Fehlverhalten stehen: Wer den Klassenraum verunreinigt, sollte keinen Tadel erhalten, sondern nach dem Unterricht die Klasse fegen.
- Die Härte der Sanktion muss in einem angemessenen Verhältnis zum Vergehen stehen.
- Die Sanktion sollte in einem möglichst engen zeitlichen Zusammenhang mit dem Fehlverhalten stehen. Einer Bestrafung, die sehr viel später erfolgt, oder sich lange hinzieht, fehlt in der Regel die Akzeptanz vonseiten der Schüler.

Angemessene
Strafe

Achtung!

Bei schwerwiegenderem Fehlverhalten ist es in der Regel sinnvoll, sich etwas Zeit für eine angemessene Reaktion zu verschaffen. Verhängen Sie die Strafe daher nicht sofort, sondern geben Sie sich und dem Schüler Zeit, sich zu beruhigen und besprechen und bewerten Sie den Vorfall erst nach der Stunde.

Kollektivstrafen
vermeiden

- Vermeiden Sie wenn möglich Kollektivstrafen. Damit bringen Sie schnell die ganze Gruppe gegen sich auf. Wenn Sie dagegen sehr gezielt nur die wirklichen Übeltäter bestrafen und die kooperativen Schüler ermutigen oder für Fortschritte belohnen, setzen Sie die richtigen Signale.
- Achten Sie darauf, dass die verhängten Sanktionen realistisch und leicht kontrollierbar sind. Aussagen wie: „Ihr Beiden sitzt nie wieder nebeneinander", sind nicht nur pädagogisch fragwürdig, sondern auch kaum kontrollierbar.

58 VERSCHNAUFPAUSEN EINBAUEN

Manchmal entwickelt sich der Unterricht in einer schwierigen, weil lauten und undisziplinierten Klasse, im Laufe der Zeit zu einer Art Teufelskreis. In dem Bemühen, die Fäden in der Hand und damit alles unter Kontrolle zu behalten, bauen Sie die einzelnen Stunden immer stärker um sich selbst herum. Ihr eigener Redeanteil wird immer größer, Ihre Schüler – zum Zuhören verdammt – werden immer unruhiger und Sie selbst mit der Zeit immer lauter.

Ende der Diskussion

In einer solchen Situation ist es von entscheidender Bedeutung, dass Sie zu Hause bei Ihrer Vorbereitung darauf achten, dass Sie wenigstens eine – besser noch zwei – Verschnaufpausen für sich einbauen. Phasen also, in denen Sie nicht gezwungen sind zu kommunizieren, weil die Schüler z. B. einen schriftlichen Arbeitsauftrag erhalten haben, der sie für eine gewisse Zeit beschäftigt (Tipp 28, 86).

❯ Tipp 28, 86

Achtung!

Achten Sie darauf, den Arbeitsauftrag eindeutig und klar zu formulieren und schwierige Begriffe vorab zu klären, sodass Sie die Schüler ganz bewusst sich selbst überlassen können, indem Sie zusätzliche Erklärungen während der Arbeitsphase begründet verweigern.

Durch diesen Rhythmuswechsel werden Sie (zumindest für kurze Zeit) wieder Herr der Situation. Vor allem aber erhalten Sie die Gelegenheit, sich für einen kleinen Moment zu entspannen und wieder zu sammeln. Zusätzlich können Sie die Zeit für eine Kurzreflexion des bisherigen Stundenverlaufs nutzen und unter Umständen noch kleinere Veränderungen an Ihrer Planung vornehmen. Außerdem haben Sie jetzt die Chance, eventuell notwendig gewordene Einzelgespräche mit auffälligen Schülern zu führen (Tipp 63).

❯ Tipp 63

Gleich mal ausprobieren

Wenn Sie erfolgreich waren und die ganze Gruppe tatsächlich still in ihre Arbeit vertieft ist, können Sie sich selbst belohnen und sich ein ungewöhnliches „Highlight" verschaffen, indem Sie einfach für fünf Sekunden die Augen schließen und tief durchatmen. Wenn Ihnen das gelingt, haben Sie zumindest für den Augenblick alles richtig gemacht.

ARBEITSKULTUR ETABLIEREN

59

„Frage nicht, was dein Lehrer für dich tun kann, sondern was du für eine gute Note tun musst!" Diese kleine Abwandlung des berühmten Zitats von John F. Kennedy bringt es auf den Punkt. In manchen Klassen etabliert sich mit der Zeit eine Kultur des Abwartens. Man hört sich an, was der Lehrer anzubieten hat und entscheidet dann je nach Tagesform, ob man mitarbeitet oder nicht. Solchen Schülern gelingt es nicht, die passive Konsumentenhaltung ihres außerschulischen Alltags in der Schule abzustreifen und sich als mitverantwortlich für das Zustandekommen eines erfolgreichen Lernprozesses zu begreifen. Sagt ihnen das aktuelle Angebot nicht zu, bleiben sie völlig passiv oder beschäftigen sich anderweitig, sodass Konflikte vorprogrammiert sind.

Passive
Schülerhaltung

Bei Schülern oder ganzen Lerngruppen mit den oben beschriebenen Problemen ist es erforderlich, erst einmal eine

„Arbeits- bzw. Anstrengungskultur" zu etablieren. Dazu ist es leider auch notwendig, auf die früher eher verpönten Formen der extrinsischen Motivation zurückzugreifen:

- Fordern Sie ganz dezidiert von Ihnen selbst definierte Standards bezüglich der Mitarbeit ein. Ihre Schüler müssen wissen, dass fehlende Mitarbeit negative Konsequenzen hat.
- Geben Sie Ihren Schülern am Ende möglichst jeder Stunde ein kurzes Feedback über ihre persönliche Mitarbeit (Tipp 32).
- Arbeiten Sie über weite Strecken an der oberen Leistungsgrenze der Schüler.
- Halten Sie während der Stunde das Tempo hoch und vermeiden Sie Leerlauf. Halten Sie spezielle Aufgaben für schnellere Schüler bereit.
- Loben Sie aber am Ende der Stunde die Schüler, die engagiert mitgearbeitet haben (Tipp 56).

❯Tipp 32

❯Tipp 56

Um die Ecke gedacht

Wenn es Ihnen gelungen ist, eine echte Arbeitskultur zu etablieren, werden Sie feststellen, dass Ihre Schüler zunehmend selbst eine Bewertung ihrer Mitarbeit einfordern und ihren persönlichen Leistungsstand erfahren wollen.

Achtung!

Sie dürfen das Ganze nicht übertreiben. Den Schülern sollte zwar deutlich werden, dass sich in einer Leistungsgesellschaft wie der unseren Anstrengung auszahlt, aber nach einer längeren und engagiert absolvierten Arbeitsphase muss auch eine Belohnung unabhängig von Noten erfolgen, z.B. durch eine als Quiz gestaltete interessante Wiederholungsstunde.

60

Wenn Sie die Erfahrung machen müssen, dass Sie in einer neu übernommenen Klasse mit Ihrer gewohnten Form des Unterrichts nicht erfolgreich arbeiten können, weil die Gruppe vorher vielleicht nur wechselnde Vertretungslehrer hatte oder Ihr Vorgänger einen völlig anderen Unterrichtsstil pflegte als Sie, müssen Sie sofort handeln und einen Strategiewechsel vornehmen (Tipp 54, 63). Wie Sie konkret reagieren, hängt selbstverständlich vom Einzelfall ab. Aber was Sie unter allen Umständen vermeiden müssen, ist ein Zickzackkurs in Bezug auf Ihre pädagogischen Maßnahmen. Denn gerade problematische, unruhige Gruppen suchen letztlich nach einer klaren Orientierung. Was Ihre Schüler von Ihnen (wenn auch größtenteils unbewusst) erwarten, sind Verlässlichkeit und konsequentes Handeln. Sie müssen also eine Art „Schlachtplan" entwickeln und diesen dann entschlossen und relativ rigoros umsetzen. Am einfachsten lässt sich ein solches Vorhaben verwirklichen, wenn Sie sich bei Ihrer Unterrichtsvorbereitung auf einfache Stundenfiguren stützen und dabei eher geschlossene als offene Sozialformen wählen (Tipp 26).

❯ Tipp 54, 63

Konsequent handeln

❯ Tipp 26

Gleich mal ausprobieren

Eine etwas martialisch klingende, aber bei schwierigen Lerngruppen, in denen genau die falschen Leute den Ton angeben, durchaus angebrachte Strategie ist das altbekannte „Divide et impera!" (Teile und herrsche!). Gemeint ist hiermit, dass Sie ganz bewusst und vor allem für jeden Schüler klar erkennbar, die in der Regel eher zurückhaltende lernwillige Mehrheit der Klasse durch gezielte pädagogische Maßnahmen protegieren, während Sie das Verhalten der problematischen Schüler begründet kritisieren und angemessen sanktionieren (Tipp 57). So vermeiden Sie es, die gesamte Gruppe durch Kollektivstrafen gegen sich aufzubringen und ermutigen die schweigende Mehrheit.

❯ Tipp 57

SOZIALE KOMPETENZ FÖRDERN

Oft sind Gruppen deshalb so schwierig, weil es ihnen an sozialer Kompetenz mangelt. Eine Binsenweisheit, die Ihnen wahrscheinlich auch längst klar ist. Nur leider zieht man oft genug nicht die nötigen bzw. richtigen Schlussfolgerungen daraus.

Schon bei der Vorbereitung muss man in jedem Fall im Blick haben, dass im Unterricht nicht nur Fachkompetenz gefördert wird, sondern die Schüler auch die Möglichkeit erhalten müssen, mehr und mehr soziale Kompetenz zu erwerben. Langfristig zahlt sich das nicht nur für die Schüler aus, sondern auch für die gesamte Unterrichtssituation.

Soziale Kompetenz wird vor allem in schülerorientierten Arbeitsformen entwickelt. Hier sind Regeln der konstruktiven Zusammenarbeit besonders wichtig. Planen Sie deshalb bereits im Vorfeld:

- Welche Regeln müssen die Schüler erlernen?
- Was passiert, wenn sich die Schüler nicht daran halten?
- Welche Sozialformen müssen in jeder Stunde wieder neu trainiert werden?
- Welche Punkte müssen vor Phasen der Gruppen- oder Partnerarbeit noch einmal genau geklärt werden?

Um die Ecke gedacht

Wie oft hören Sie im Lehrerzimmer in der Pause Sätze wie „Nicht schon wieder diese Klasse ..." oder „Die haben schon wieder ..."? Und was passiert dann oft? Nichts.

Ein gerne in der Schule gemachter Fehler ist, dass sich Kollegen über schwierige Klassen unterhalten, die Probleme aber mit den Klassen selbst nicht intensiv genug behandeln.

Deswegen: Sprechen Sie Probleme in der Klasse umgehend an. Oft haben Schüler in besonderen Situationen auch ein besonderes Problembewusstsein (Tipp 63).

❯ Tipp 63

Wenn die Schuldigen, Täter oder problematische Schüler bekannt sind, sollten auch Ross und Reiter genannt werden. Es bringt nichts, immer nur um den heißen Brei her-

> umzureden. Oft ist es für eine Klassensituation gut, in einem klärenden Gespräch reinen Tisch zu machen. Die Schüler werden Ihnen für solche Gespräche, in denen auf ihre Probleme eingegangen wird und in denen sie das Gefühl haben, richtig ernst genommen zu werden, sehr dankbar sein.

Um die soziale Situation in einer Klasse zu entspannen, ist es hilfreich, gemeinschaftsstiftende Aktionen mit der Klasse durchzuführen. Dies können Gruppenarbeiten innerhalb des Unterrichts, aber auch Klassenfahrten, Exkursionen oder Klassenfeste außerhalb des Unterrichts sein (siehe auch „99 Tipps. Für Klassenlehrer", Cornelsen 2012).

Gemeinschafts-aktionen

PROBLEME ERFASSEN

62

Sehr viele Kollegen haben bei der Nachbereitung ihres Unterrichts ausschließlich die Inhaltsebene im Blick: „Wie weit bin ich in der 8/3 letzte Stunde gekommen?" Das ist auf Dauer definitiv nicht ausreichend. Wenn Sie nicht wenigstens ein Mindestmaß an Empathie und Sensibilität aufbringen, um die Stimmung in der Gruppe (Tipp 84), die emotionale Verfassung einzelner Schüler, aber auch Ihre eigene Befindlichkeit zu erkennen, werden Sie mit der Zeit massive Probleme bekommen. Unterricht wird sehr viel stärker als allgemein angenommen durch die Beziehungsebene und das emotionale Miteinander geprägt. Dies drückt sich z. B. in der von Eltern und Schülern häufig gebrauchten Formulierung „die Chemie stimmt einfach nicht" aus.
Reflektieren Sie also nach dem Unterricht nicht nur, ob die von Ihnen angestrebten Kompetenzzuwächse bei den Schülern eingetreten sind, sondern auch das, was sich während der Stunde auf der Beziehungsebene abgespielt hat (Tipp 98). Dabei können Sie sich an folgenden einfachen „Dreisatz" halten:

❯ Tipp 84

Beziehungsebene ist prägend

❯ Tipp 98

1. Ich
- Habe ich mich an irgendeiner Stelle unwohl gefühlt?
- Was genau hat mich eigentlich wütend gemacht?
- Kann ich mit dem Schüler „X" noch unbefangen und ohne unterschwellige Aggressionen umgehen?

2. Die Gruppe
- Wann kam die Unruhe auf?
- Weshalb gab es Probleme bei der Gruppenbildung?
- Wann kippte die Stimmung?
- Erreiche ich wirklich noch alle oder haben einige „zugemacht"?

3. Einzelne Schüler
- Hat er heute einen deprimierten oder traurigen Eindruck hinterlassen?
- Haben sein Engagement und seine Leistungen zuletzt stark nachgelassen?
- Zieht er sich immer stärker zurück oder dreht er unnatürlich auf und reagiert unangemessen?

Dieser Fragenkatalog stellt natürlich keinen Anspruch auf Vollständigkeit. Er will nur für mögliche Problemfelder sensibilisieren, auf die Sie bei Ihrer Vorbereitung besonders achten müssen.

Achtung!

Hier soll nicht einer „Betroffenheitspädagogik" das Wort geredet werden. Aber nach Friedemann Schulz von Thun beinhaltet jede Form der Kommunikation eben nicht nur die Sach- oder Inhaltsebene, sondern auch die Beziehungsebene und letzterer wird in der Schule, wie gesagt, einfach oft zu wenig Bedeutung beigemessen.

63

Nach der Erfassung eventueller Probleme und der anschließenden Analyse ihrer Ursachen, müssen Sie in Ihrer Unterrichtsvorbereitung auch darauf reagieren. Am einfachsten ist dies, wenn es sich um individuelle Probleme einzelner Schüler handelt, denn hier ist das Repertoire Ihrer Handlungsalternativen begrenzt. In allen Fällen, egal ob der Schüler sich zurückzieht, verstummt und in seinen Leistungen nachlässt, aber auch wenn er durch renitentes Verhalten auffällt, besteht der erste Schritt immer darin, ihm in einem kurzen Gespräch zu signalisieren, dass Sie erkannt haben, dass etwas nicht stimmt bzw. sich verändert hat. Allein dadurch lösen Sie das Problem natürlich noch nicht, aber Sie zeigen ihm auf diese Weise, dass Sie an ihm und seiner Person interessiert sind.

Um die Ecke gedacht

Häufig gelingt es nicht, herauszufinden, worin die Ursachen für das veränderte Verhalten liegen. Dann können Sie nur versuchen, Ihr Lehrerverhalten anzupassen, indem Sie besonders sensibel mit dem betreffenden Schüler umgehen.

Handelt es sich um ein Problem zwischen Ihnen und mehreren Schülern oder gar der ganzen Gruppe, wird es wesentlich komplizierter. Getreu dem Grundsatz: „Störungen haben Vorrang", sollten Sie nicht versuchen, stur Ihren Unterricht weiter durchzuziehen, sondern sich in einem abgestuften Vorgehen daranmachen, das Problem zu lösen:

Problemlösungsverfahren

1. Senden Sie eine Ich-Botschaft. Erklären Sie der Gruppe, womit Sie unzufrieden sind und woran dies Ihrer Meinung nach liegt. Das ist nicht nur emotional entlastend für Sie, sondern es macht den Schülern deutlich, dass da vorn jemand steht, der sie ernst nimmt und bereit ist, das Problem im Einvernehmen mit ihnen zu lösen, anstatt sofort mit Sanktionen zu reagieren.

2. Überlegen Sie sich, ob es eventuell hilfreich sein könnte, die Sozialformen zu wechseln. Speziell bei sehr unruhigen Klassen empfiehlt es sich, weniger mit Gruppenarbeit oder offenem Unterrichtsgespräch zu arbeiten, dafür verstärkt mit einfacheren Formen wie Einzelarbeit.

3. Machen Sie den Schülern ein Angebot, z. B. in Form eines Wenn-dann-Abkommens: Wenn sie sich zukünftig in einer bestimmten Weise verhalten, können die Schüler erwarten, dass Sie in einer vorher festgelegten Weise positiv in Ihrer Unterrichtsgestaltung darauf reagieren.

4. Bitten Sie die beiden Schülervertreter der Klasse zu einem Gespräch. Versuchen Sie in diesem kleineren und daher sehr viel weniger aufgeregten Rahmen als mit der ganzen Klasse, die Ursachen der Probleme zu ergründen. Machen Sie gleichzeitig aber auch klar, dass Sie, wenn der Zustand sich nicht grundlegend verbessert, reagieren müssen und werden (Tipp 57).

❯ Tipp 57

5. Bleiben letztlich alle Ihre Bemühungen, das Verhältnis zur Gruppe und das Arbeitsklima zu verbessern erfolglos (Tipp 59), können Sie sich nur noch auf die rein formale Ebene im Umgang mit den Schülern zurückziehen und darauf setzen, dass sich die Lage im Laufe der Zeit entspannt. Geschieht dies nicht, sollten Sie am Ende des Schuljahres darum bitten, die Klasse abgeben zu dürfen.

❯ Tipp 59

Achtung!

Bitte machen Sie nicht den Fehler, die im letzten Satz empfohlene Maßnahme als persönliche Niederlage zu begreifen. Manchmal ist es wie im „richtigen Leben": Die Chemie stimmt einfach nicht. Oder Sie hatten das Pech, als Fachlehrer eine Gruppe zu bekommen, die durch ihren Klassenlehrer einen völlig anderen Unterrichts- und Umgangsstil gewöhnt ist als Sie ihn pflegen, und dann wird es erfahrungsgemäß sehr schwer.

64

Die Versuchung ist groß. Sie haben im Moment weder Zeit noch Lust, die neue Unterrichtseinheit zu konzipieren. Was liegt da näher, als kurz im Netz nachzusehen, ob das Ganze nicht bereits komplett ausgearbeitet zum Download bereitsteht?

Jede Lerngruppe ist einzigartig

Wenn Sie auf diese Art und Weise vorgehen, werden Sie ziemlich schnell Schiffbruch erleiden. Denn für die im Netz bereitgestellten digitalisierten Materialien gilt exakt dasselbe, wie für alle althergebrachten analogen Medien und Materialien auch: Sie müssen entscheiden, ob das konkrete Angebot auch tatsächlich für Ihre Lerngruppe geeignet ist – und genau da liegt das Problem. Sie können mit 99,9-prozentiger Sicherheit davon ausgehen, dass dies nicht der Fall ist. Denn jede Unterrichtsstunde in einer bestimmten Klasse, an einem bestimmten Ort, zu einem bestimmten Zeitpunkt ist einzigartig in Bezug auf ihre äußeren Rahmenbedingungen, die Lernvoraussetzungen und die Motivation jedes einzelnen Schülers, die tagesaktuelle Situation der Gruppe und natürlich auch in Bezug auf Sie, den Lehrer, und dessen spezielle persönliche Fähigkeiten. Genau diese Singularität macht den Reiz des Unterrichtens aus und somit jede Stunde letztlich zu einem kalkulierten „Abenteuer". Sie können daher die von Ihnen nach eingehender Prüfung für geeignet erachteten und aus dem Netz entnommenen Materialien niemals eins zu eins umsetzen, sondern müssen sie stets auf die speziellen Bedingungen in Ihrer Lerngruppe zuschneiden (Tipp 13, 68).

❯ Tipp 13, 68

SOS-Tipp

Falls Sie trotzdem einmal gezwungen sein sollten, eine Unterrichtsstunde eins zu eins aus dem Internet zu übernehmen, dann machen Sie sich zumindest die Mühe, selbst die Lösungen für den in aller Regel mitgelieferten Arbeitsbogen zu finden und nicht einfach den Lösungsbogen nur zu kopieren. So können Sie zumindest grobe Schnitzer noch rechtzeitig erkennen und ausbügeln.

Ideenlieferant Bewusst und kritisch verwendet, als Ideenlieferant und als „Steinbruch", aus dem man sich die besten Stücke herausholt, ist das Internet als Hilfsmittel bei der Unterrichtsvorbereitung natürlich unverzichtbar.

WIKIPEDIA

Wikipedia ist aus unserem Alltag nicht mehr wegzudenken. Die Schüler benutzen das Online-Lexikon vor allem bei der Vorbereitung von Referaten und Präsentationen. Für Lehrer ist es ein wichtiges Hilfsmittel wenn es darum geht, den aktuellen Stand in sich schnell entwickelnden Wissenschaftsbereichen, wie z. B. der Biologie zu eruieren, oder um sich auf Themen für Referate und mündliche Prüfungen von Schülern vorzubereiten, die abseits des Alltäglichen liegen und von denen man selbst nicht besonders viel Ahnung hat.

Thematischen Überblick verschaffen Wikipedia ist aber auch sehr nützlich, falls Sie in die Verlegenheit kommen sollten, ein Fach unterrichten zu müssen, das Sie gar nicht studiert haben (was in der Praxis durchaus üblich ist, aber verständlicherweise nicht an die große Glocke gehängt wird). Mithilfe der Online-Datenbank können Sie sich schnell einen guten Überblick über das Thema verschaffen, unklare Fachbegriffe klären und finden nützliche Hinweise auf weitere wichtige Quellen.

SOS-Tipp

Dass Sie bei der Informationsentnahme aus einem Online-Lexikon, auf dessen Entwicklung jeder Einfluss nehmen kann, mehr Vorsicht walten lassen müssen, als wenn Sie den Brockhaus zu Rate ziehen, versteht sich von selbst. Ausgesprochen hilfreich sind in diesem Zusammenhang die beiden, in der Werkzeugleiste jedes Artikels angebotenen, Funktionen „Diskussion" und „Versionsgeschichte". Sie ermöglichen es Ihnen, nachzuvollziehen, wie einzelne inhaltliche Aspekte diskutiert wurden und wie sich der Artikel mit der Zeit verändert hat.

Um die Ecke gedacht

Noch einfacher und schneller lässt sich die Verlässlichkeit eines Artikels in Wikipedia mithilfe von Wikibu überprüfen. Wikibu ist eine von der Pädagogischen Hochschule Bern speziell für Schulen entwickelte Internetplattform, die aufgrund statistischer Kriterien die Seriosität von Wikipediaartikeln bewertet (www.wikibu.ch/index.php). Sie ermöglicht es Ihnen, aber vor allem auch Ihren Schülern, schnell und einfach zu überprüfen, ob die aufgefundenen Informationen auch wirklich vertrauenswürdig sind.

Zusätzlich bietet Wikibu spezielle Unterrichtsmaterialien an, welche die Schüler zu einem kritischen Umgang mit Wikipedia befähigen sollen. Ein immer wichtiger werdendes Ziel der Medienpädagogik.

PLATTFORMEN FÜR UNTERRICHTSMATERIAL

66

Mittlerweile gibt es eine kaum noch zu überblickende Fülle an Plattformen, die Material für die Unterrichtsvorbereitung anbieten. Das Spektrum reicht dabei von engagierten Lehrerselbsthilfegruppen (z. B. www.unterrichtsmaterial-schule.de/), über Portale, die sich als Tauschbörsen verstehen (z. B. www.4teachers.de/) bis hin zu den kommerziellen Internetangeboten der großen Schulbuchverlage (z. B. www.cornelsen.de/home/). Eine Art Meta-Server für das gesamte Bildungswesen in Deutschland stellt die Plattform www.bildungsserver.de/ dar. Sie bietet auch Links zu Unterrichtsmaterialien, allerdings nur zu solchen, die von öffentlichen Institutionen (Museen, Schulen, Bibliotheken usw.) bereitgestellt wurden.

Unter den aufgeführten Links finden Sie Material für die Vorbereitung des Unterrichts für alle Fächer. Es existieren aber selbstverständlich für jedes einzelne Unterrichtsfach auch ganz spezielle Internetplattformen, die Sie am schnellsten selbst finden, indem Sie sie einfach googeln.

Internet als Materialfundus

Gleich mal ausprobieren

Entscheiden Sie sich für eines Ihrer Fächer, wie z. B. Biologie, und für ein ganz bestimmtes Thema, wie z. B. Botanik. Googeln Sie dann, z. B. mithilfe des Suchbegriffs „Unterrichtsmaterial Biologie", drei Plattformen, die Ihnen vom ersten Eindruck her als geeignet erscheinen, und vergleichen Sie diese anschließend in Bezug auf ihr konkretes Angebot für das von Ihnen ausgewählte Thema. Sollten Sie danach noch immer unentschlossen sein, ziehen Sie zur Sicherheit ein zweites Thema zum Vergleich heran.

Am einfachsten ist es natürlich, wenn Sie Ihre Kollegen fragen, mit welchem Internetangebot diese arbeiten. Wenn man Glück hat, stößt man dabei auf einen versierten „Netzfischer", der einen auf Seiten hinweist, auf die man selbst vielleicht nie gekommen wäre.

67 DAS FERNSEHEN

Der Fernseher ist neben dem Computer sicherlich das von Ihren Schülern am häufigsten zur Information und zur Unterhaltung genutzte Medium. In der Schule aber werden Filme oder Fernsehsendungen nur sehr sporadisch für Unterrichtszwecke eingesetzt. Es mangelt an einer speziellen Filmdidaktik, die das Medium Film für alle Fächer nutzbar macht und vor allem die Schüler in die Lage versetzt, mit dem Medium kritisch umzugehen, damit sie es bewusst und gezielt zur Informationsentnahme und zur Aneignung von Bildungsinhalten nutzen können. Ein in Zeiten von Castingshows, Dokutainment und Realitysoaps immer wichtiger werdendes Lernziel!

Kritischen Umgang üben

Sie allein können diesen Missstand nicht beheben, aber Sie können mithilfe von selbst mitgeschnittenen Fernsehsendungen und Filmen Ihren Unterricht anschaulicher machen und nebenbei das Medium selbst auch noch kritisch hinterfragen. Nehmen Sie also einfach Ihre Fernsehzeitung zur Hand und überprüfen Sie, ob es in den kommenden zwei

Wochen für Ihre Fächer und Klassen interessante Sendungen gibt. Falls dies der Fall ist, zeichnen Sie diese auf. Anschließend müssen Sie sich die Mühe machen, sich die Sendung mit Stift und Papier bewaffnet – oder besser gleich mit dem Laptop – anzusehen und die erkenntnisleitenden Fragen und Antworten zum Film für den späteren Arbeitsbogen zu notieren. Kommen Sie am Ende zu dem Ergebnis, dass es sich lohnt, den Film einzusetzen, brennen Sie ihn als DVD und zeigen ihn im günstigsten Fall über einen Beamer.

Gleich mal ausprobieren

Die öffentlich-rechtlichen Sender stellen für einige ihrer Sendungen, die besonders für den Einsatz in der Schule geeignet sind, ausgearbeitete Unterrichtsmaterialien kostenlos bereit. Leider sind diese häufig nicht ohne weitere Bearbeitung durch Sie einsetzbar.

Sie sollten jede Gelegenheit nutzen, um die gezeigte Sendung oder den Filmausschnitt mit den Schülern zusammen quellenkritisch zu hinterfragen: Ist das Thema angemessen und realistisch dargestellt? Mit welchen Mitteln hat der Regisseur gearbeitet (Musik, Schnitt usw.)? Welche Motive haben zum Dreh des Films geführt? Hätte man das Ganze auch anders aufarbeiten können oder sogar müssen?

Achtung!

Das Hauptproblem beim Einsatz von Fernsehsendungen im Unterricht ist die Zeit. Sie haben nur 45 oder 90 Minuten zur Verfügung und die Sendungen sind oft zu lang, sodass man das Gesehene nicht mehr sofort im Anschluss besprechen kann, was eigentlich wünschenswert wäre. Außerdem sind viele Schüler durch die Privatsender bereits konditioniert und können sich nur schwer länger als 20 Minuten am Stück konzentrieren, weil dann normalerweise die Werbepause kommt. Versuchen Sie daher darauf zu achten, dass die gezeigte Sendung möglichst nicht länger als eine halbe Stunde dauert. Entweder Sie überspringen bestimmte Passagen bei der Wiedergabe oder schneiden die verzichtbaren Teile gleich heraus.

SCHULBÜCHER

68

Es geht hier nicht um das von Ihnen im Unterricht einge-setzte Schulbuch, sondern um eine Möglichkeit, Ihren Unterricht noch exakter an den Bedürfnissen der jeweiligen Lerngruppe auszurichten. Sicherlich kennen Sie das: Sie behandeln mithilfe des Schulbuches ein bestimmtes Thema im Unterricht, sind aber unzufrieden mit der Art und Weise, wie es im Buch für die Schüler aufbereitet wurde. Sei es, weil der Informationstext zu leicht oder zu schwer für die Gruppe ist, es Ihrer Ansicht nach besser geeignete Bildquellen gibt, oder die veranschaulichende Zeichnung zu unübersichtlich ist.

Individuelle Arbeitsbögen

In solchen Fällen verfügen Sie über eine ebenso wirksame, wie einfach zu realisierende Möglichkeit, diesen Missstand zu beheben. Entwerfen Sie mithilfe eines im Laufe der Zeit von Ihnen angelegen Fundus' von Schulbüchern Ihr „eigenes Schulbuch" (Tipp 4, 7). Stellen Sie aus den verschiedenen Unterrichtswerken Arbeitsbögen zusammen, die jeweils exakt auf Ihre Lerngruppe und die anstehende Stunde passen (Tipp 13).

❯ Tipp 4, 7

❯ Tipp 13

Achtung!

Viele Lehrer sind in Bezug auf das Kopieren aus Schulbüchern verunsichert. Sie befürchten, dass sie damit die Urheberrechte der Verlage verletzen. Dem ist normalerweise nicht so. Sie dürfen laut § 53 Abs. 3 Urhebergesetz kleinere Teile eines Werkes, in der für eine Schulklasse erforderlichen Anzahl, für Unterrichtszwecke kopieren (Tipp 69, 71).

❯ Tipp 69, 71

Gleich mal ausprobieren

Greifen Sie auch auf Bücher zurück, die eigentlich für andere Schularten vorgesehen sind. Auf diese Weise können Sie ganz unterschiedliche Anspruchsniveaus in Ihre Arbeitbögen einbauen und so innerhalb der oft sehr heterogenen Lerngruppen differenzieren.

Es ist ausgesprochen hilfreich, wenn Sie sich für diese Arbeiten zu Hause einen eigenen Kopierer anschaffen, der auch über eine Zoomfunktion verfügen sollte. So können Sie sich ganz in Ruhe an Ihrem Schreibtisch Ihren ganz speziellen eigenen Arbeitsbogen zusammenbasteln. Eine Investition, die sich lohnt. Das Kopieren des ganzen Klassensatzes sollten Sie dann aber aus Kostengründen in der Schule erledigen.

AUS SCHULBÜCHERN KOPIEREN

69

Für das Kopieren aus Schulbüchern gibt es ganz klare, einfache Regelungen, an die sich jeder Lehrer halten sollte. Die folgenden und weitere Informationen erhalten Sie unter www.schulbuchkopie.de. Demnach dürfen Lehrkräfte wie folgt Kopien anfertigen:

Regelungen

- bis zu zwölf Prozent eines jeden Werkes, jedoch maximal 20 Seiten. Das gilt wirklich für alle Werke, d. h. auch für Schulbücher, Arbeitshefte, Sach- und Musikbücher.
- ganze Werke von geringem Umfang (mit Ausnahme von Schulbüchern und sonstigen Unterrichtsmaterialien).

Vollständig kopiert werden dürfen danach:
- Musikeditionen mit maximal sechs Seiten,
- sonstige Druckwerke (außer Schulbücher und Unterrichtsmaterialien!) mit maximal 25 Seiten,
- alle Bilder, Fotos und sonstige Abbildungen.

Zu beachten sind aber die folgenden Einschränkungen:

Einschränkungen

- Auf den Kopien muss stets die Quelle angegeben werden (Buchtitel, Verlag und Autor).
- Aus jedem Werk darf pro Schuljahr und Klasse nur höchstens in dem oben beschriebenen Umfang kopiert werden.
- Zulässig sind nur analoge Kopien. Die digitale Speicherung und ein digitales Verteilen von Kopien (z. B. per E-Mail) ist schon von Gesetzes wegen nicht gestattet und wird von der neuen vertraglichen Regelung ebenfalls nicht erfasst.

Fotokopien für den Schulchor, das Schulorchester oder -bands usf. (außerhalb des Pflicht-, Wahlpflicht- oder Wahlunterrichts) fallen nicht unter die Regelungen dieses Vertrages. Wenn Kopien für diese Zwecke benötigt werden, muss beim Rechteinhaber (in der Regel der Verlag) die Erlaubnis zur Vervielfältigung eingeholt werden. (Quelle: Kultusministerkonferenz/VdS Bildungsmedien e.V.)

70 ABBILDUNGSQUALITÄT BEACHTEN

Achten Sie bei der Erstellung von Unterrichtsmaterialien stets auf eine hohe Qualität. Ihr Anspruch ist doch, dass Ihre Schüler so viel wie möglich lernen. Dafür ist eine grundlegende Voraussetzung, dass Sie sich nicht nur der inhaltlichen, sondern auch der formalen Vorbereitung des Unterrichts mit der größtmöglichen Sorgfalt widmen. Viel zu oft begegnen einem Arbeitsblätter, die schon viel zu häufig voneinander kopiert wurden. Abbildungen sind dann oft nur noch sehr schlecht oder gar nicht mehr erkennbar. Das muss nicht sein (Tipp 42).

> Tipp 42

Gleich mal ausprobieren

Kennzeichnen Sie Ihre originalen Arbeitsblätter und Kopiervorlagen mit einem kleinen, diagonalen roten Strich in der linken oberen Ecke. Auf der Kopie für die Schüler fällt dieser kaum noch auf, aber Sie können somit mühelos eine Kopie von Ihrem Original unterscheiden. Achten Sie darauf, dass Sie nur Ihre Originale archivieren und zum Kopieren verwenden.

> Tipp 64, 66, 71

Beachten Sie besonders bei Abbildungen aus dem Internet (Tipp 64, 66, 71), dass diese über eine ausreichend hohe Qualität zur Vervielfältigung verfügen. Nichts ist störender als eine völlig „verpixelte" Abbildung. Suchmaschinen bieten heute die Möglichkeit, Abbildungen in den Auflösungen

„klein", „mittel" und „groß" zu suchen. Verwenden Sie immer „große" Bilder. In Originalgröße, z. B. innerhalb einer Präsentation, muss das Bild immer mindestens noch 72 dpi Auflösung besitzen. Wenn Sie die Bilddaten unter „Information" ansehen, finden Sie dort immer auch Angaben zur Auflösung des Bildes. Bildbearbeitungsprogramme geben ebenfalls darüber Auskunft.

Achtung!

> Wenn das Bild unscharf wird oder man bereits klar einzelne Pixel erkennen kann, ist das Bild zu groß. Verkleinern Sie es, bis Sie keine Pixel mehr sehen können. Nun kann das Bild immer noch unscharf wirken. Dann liegt aber die Unschärfe im Bild selbst. In diesem Falle suchen Sie sich besser ein anderes.

DAS PROBLEM DES URHEBERRECHTS

71

Ein weit verbreiteter Irrtum ist dieser: Nur weil Sie etwas im Internet finden, dürfen Sie es herunterladen, speichern, bearbeiten und vervielfältigen. Beachten Sie bei der Unterrichtsvorbereitung unbedingt das Urheberrecht!

Achtung!

> Es gibt inzwischen zahlreiche Rechtsanwaltskanzleien, die allein davon leben, Abmahnungen wegen der Verletzung des Urheberrechts zu verschicken. Solange Sie eine Abbildung, einen Film oder einen Text aus dem Internet nur im Unterricht verwenden, sind Sie sicher – denken Sie! Was ist aber mit der Abbildung auf dem Arbeitsblatt, das Sie für die Schüler vorbereitet haben und welches diese bestimmt auch mit nach Hause nehmen?
> Bitten Sie den Urheber sicherheitshalber am besten immer um eine Nutzungsgenehmigung. Dann kann nichts passieren.

Im Bereich der Schule muss man zwischen dem Unterricht auf der einen Seite (nicht öffentlich) und anderen Bereichen, wie Veranstaltungen, Schülerzeitungen, Jahrbüchern, Internetseiten der Schule usw. (öffentlich) unterscheiden. Insbesondere die unerlaubte Verwendung und Vervielfältigung von (geografischen) Karten wird erfahrungsgemäß sehr rigide verfolgt.

Eine Reihe von gesetzlichen Bestimmungen schränkt die Verwendung von Materialien ein, wie z. B. das Urheberrechtsgesetz, das Jugendschutzgesetz, das Bürgerliche Gesetzbuch sowie das Erziehungs- und Unterrichtsgesetz und Bestimmungen einzelner Bundesländer bzw. Kultusministerien. Im Internet finden Sie unter „Urheberrecht Unterricht" zahlreiche Verweise zu diesem Thema.

SOZIALE NETZWERKE NUTZEN

72

Sie sind doch ganz sicher bei Facebook, Google+ und/oder Twitter angemeldet, oder? Die Kommunikation über E-Mail mit Kollegen funktioniert zwar ganz gut, aber gerade in der jüngeren Generation ist es heute üblich, fast nur noch über soziale Netzwerke zu kommunizieren. Die E-Mail ist von gestern – der Brief von vorgestern. Nutzen Sie also die sozialen Netzwerke auch in Ihrer Unterrichtsvorbereitung. Damit erreichen Sie mehrere Kollegen gleichzeitig und können sich gut gegenseitig unterstützen. Gründen Sie eine Lehrergruppe Ihrer Schule auf Facebook oder einen „Kreis" auf Google+.

Gleich mal ausprobieren

Nehmen Sie Ihre Einstellungen in Ihrem sozialen Netzwerk einmal genau unter die Lupe. Vertrauen Sie nicht darauf, dass die Standardeinstellungen, die von den Anbietern vorgeschlagen werden, für Sie sicher genug sind. Stellen Sie ein, wer Ihre Einträge lesen, Ihre Bilder ansehen und Ihre Persönlichkeits- und Kommunikationsdaten erfahren darf.

Achtung!

Wahren Sie immer Distanz zu Ihren Schülern! Sie müssen nicht mit jedem auf Facebook befreundet sein. Gerade, wenn Sie mit Kollegen befreundet sind, muss nicht jeder Schüler verfolgen können, worüber Sie mit diesen kommunizieren.

Wenn Sie sich davor schützen möchten, dass Ihre Schüler Sie in den sozialen Netzwerken überhaupt finden, verwenden Sie Pseudonyme.

❯ Tipp 66

BLOGS UND CO.

73

Neben den in Tipp 66 aufgeführten Plattformen für die Unterrichtsvorbereitung finden Sie natürlich auch noch an anderen Stellen im Internet Tipps für den Unterricht. Im Gegensatz zu den sozialen Netzwerken werden in Internet-Blogs Tagebucheinträge dargestellt, die auch kommentiert werden können, und in Internet-Foren werden fachliche Fragen diskutiert.

Gleich mal ausprobieren

Lesen Sie in Blogs von anderen Lehrern, was diese in Schule und Unterricht erleben. Hier eine Auswahl:
- Lehrerzimmer: http://www.herr-rau.de/wordpress/
- Kuschelpädagogik: http://primimaus.wordpress.com/
- Na, wie war's in der Schule: http://fraufreitag.wordpress.com/
- Eine Reihe von Fachforen für die Sekundarstufe I und II zu den Bereichen Geisteswissenschaften (Deutsch, Geschichte, Kunst, Musik, Politik/SoWi, Religion/Ethik, Sport), Naturwissenschaften (Astronomie, Biologie, Chemie, Geographie, Informatik, Mathematik, Physik) und Fremdsprachen (Englisch, Französisch, Latein, Spanisch) findet sich unter: http://www.lehrer-online.de/sekundarstufen.php

74

❯ Tipp 11, 38

Verhaltens-
psychologie

Als Lehrer hat man das große Privileg, abgesehen von den Unterrichtsstunden, relativ frei und selbstbestimmt über seine Arbeitszeiten entscheiden zu können. Für diese größere Freiheit zahlt man aber auch einen Preis: Jeden Arbeitstag aufs Neue muss man seinen inneren Schweinehund überwinden, um tatsächlich mit der Arbeit zu beginnen und diese auch zu Ende zu bringen (Tipp 11, 38). Jeder erfahrene Kollege weiß, wie schwer einem das mitunter fallen kann, z. B. wenn sich ein Berg von zu korrigierenden Klausuren vor einem auftürmt. Machen Sie sich deshalb, die Ergebnisse der klassischen Verhaltenspsychologie zunutze. Gemeint ist hier die positive Konditionierung. Wir wollen Sie nicht mit dem Pavlowschen Hund gleichsetzen, aber ein Verhalten durch eine Belohnung zu beeinflussen – und wird sie auch nur in Aussicht gestellt –, funktioniert auch bei Lehrern und das, obwohl Sie in diesem Fall gleichzeitig sowohl Versuchsleiter als auch Proband sind.

Überlegen Sie sich also selbst eine Belohnung für den Fall, dass Sie ein von Ihnen selbst definiertes Arbeitspensum (z. B. 15 Klausuren) erledigt haben. Das Erklingeln eines Glöckchens dürfte wahrscheinlich nicht reichen, aber Sie kennen sich selbst am besten und wissen, was bei Ihnen am meisten Erfolg verspricht.

Gleich mal ausprobieren

Testen und überlisten Sie Ihren inneren Schweinehund. Die Belohnung kann in einem kurzen Spaziergang bestehen, im Hören von Musik, im Lesen der Tageszeitung oder in einer Zigarette auf dem Balkon (Vorsicht: Rauchen gefährdet Ihre Gesundheit!). Auf Dauer nicht empfehlenswert, ist eine Belohnung durch Süßigkeiten. Zwar erleben Sie eine kurze Hochphase durch den „Zuckerschock", entwickeln sich aber langfristig zum Michelin-Männchen.

Letztlich kommt es nur darauf an, dass Sie sich selbst bei Laune halten, indem Sie sich die Wertschätzung entgegenbringen, die Sie verdient haben.

Der einfachste Weg, um sich selbst die gute Laune zu verderben, sich emotional völlig runterzuziehen und unter Umständen sogar in ein Gefühl der Überlastung oder Panik abzudriften, besteht darin, all die Dinge, die man bis zu einem bestimmten Zeitpunkt erledigt haben muss, auf einmal in den Blick zu nehmen. Tun Sie sich das nicht an! Nichts ist entmutigender, als der Anblick eines Berges von Arbeit, der vor Ihnen liegt (Tipp 11). Machen Sie stattdessen aus dem riesigen Berg viele kleine Hügel, die leicht abzutragen sind. Das macht dann unter Umständen sogar Spaß.

❯ Tipp 11

Die kleinen Hügel sind durchaus wörtlich zu nehmen. Nachdem Sie sich einen Überblick über die anstehende Arbeit verschafft haben (Unterrichtsvorbereitungen, Korrekturen, Planung des Halbjahres usw.), teilen Sie diese in mehrere einzelne Haufen (Arbeitsschritte) auf, indem Sie jedem Ihrer Vorhaben und den dazugehörigen Unterlagen einen bestimmten Platz in Ihrem Arbeitszimmer zuweisen. Neben diese räumliche Portionierung der Arbeit muss dann natürlich die zeitliche treten. Dabei sollten Sie an das schöne Motto von Franz von Assisi denken: „Tu erst das Notwendige, dann das Mögliche, und plötzlich schaffst du das Unmögliche."

Mit anderen Worten: Überlegen Sie, was unbedingt sofort erledigt werden muss und was ruhig noch etwas warten kann, und machen Sie auf der Grundlage dessen einen konkreten Zeitplan für die Abarbeitung der einzelnen Hügel und damit letztlich des ganzen Berges.

Was ist wichtig, was dringend?

Achtung!

Bauen Sie in Ihren Ablaufplan unbedingt ein oder zwei Zeitpuffer ein. Dann werden Sie durch unvorhersehbare Komplikationen nicht gleich aus der Bahn geworfen. Wenn Sie die Puffer nicht benötigen, verschafft Ihnen dies ebenfalls ein gutes Gefühl: Sie liegen vor Ihrem eigenen Zeitplan und werden früher fertig.

76

Lerchen und Eulen

Wurde man früher bei der Erwähnung des eigenen Biorhythmus' zwecks Entschuldigung einer Fehlleistung bestenfalls als Spinner belächelt, so ist die Existenz von sogenannten individuellen Chronotypen des Menschen mittlerweile allgemein anerkannt. Man unterscheidet dabei zwischen Lerchen, den Frühaufstehern, die abends früh ins Bett gehen und Eulen, die nur schwer aus den Federn kommen, dafür aber gerne die Nacht zum Tag machen.

Lerchen und Eulen sind natürlich nur die beiden Extreme. Die meisten Menschen liegen irgendwo dazwischen, und außerdem verändert sich der menschliche Chronotyp im Laufe des Lebens mehrfach. Kleine Kinder sind (wie die meisten Eltern aus leidvoller Erfahrung wissen) eindeutig Lerchen, während junge Erwachsene eher zu den Eulen gehören. Später tendiert man dann wieder in Richtung Lerche. Sie sollten sich also zuerst darüber klarwerden, zu welchem der beiden Typen Sie gehören bzw. eher neigen und dann daraus konkrete Maßnahmen für Ihre Unterrichtsvorbereitung ableiten. Denn wenn Sie dauerhaft gegen Ihren eigenen Rhythmus arbeiten, schaffen Sie nicht nur deutlich weniger und liefern wahrscheinlich auch schlechtere Arbeit ab, sondern riskieren auch sehr viel eher einen Burn-out als jemand, der auf seinen Biorhythmus achtet.

Gleich mal ausprobieren

Extreme Lerchen tun gut daran, sich nicht erst nach der Tagesschau an den Schreibtisch zu setzen, sondern unter Umständen schon morgens um sechs, noch vor der Schule, oder frühmorgens am Wochenende, wenn der Rest der Familie noch schläft. Ein Vorgehen, das bei Eulen Unverständnis bis Entsetzen auslöst.

Am besten, Sie weichen ausnahmsweise ganz bewusst von Ihrer alltäglichen Routine ab und verlegen den Zeitpunkt Ihrer Unterrichtsvorbereitungen einmal auf die späten Abend- und einmal auf die frühen Morgenstunden, um zu sehen, wann Ihnen das Arbeiten leichter fällt (Tipp 38).

> Tipp 38

Achtung!

Denken Sie daran, dass fast alle Menschen, unabhängig von ihrem Chronotyp, am frühen Nachmittag einen Tiefpunkt in Bezug auf ihre Leistungsfähigkeit durchlaufen.

EINEN AUSGLEICH SCHAFFEN

77

Schule kann einen auffressen. Besonders, wenn Sie sich als Berufsanfänger mit viel Enthusiasmus, aber wenig Erfahrung in die Vorbereitung Ihres Unterrichts stürzen, die Sie viel mehr Zeit kostet, als Ihre erfahrenen Kollegen. Oder wenn Sie es noch nicht gelernt haben, bei Ärger mit Eltern oder Schülern oder persönlichen Schicksalen Einzelner eine gewisse professionelle Distanz zu wahren und deshalb auch zu Hause nicht abschalten können. Dann passiert es leicht, dass mit der Zeit Ihre persönliche kleine Welt immer enger wird, weil sich irgendwann alles nur noch um Unterrichtsvorbereitung und Schule dreht. Lassen Sie es gar nicht erst so weit kommen!

Sorgen Sie für eine Art Gegengewicht, etwas, das absolut nichts mit Unterricht und Schule zu tun hat und das Ihr Denken völlig in Anspruch nimmt. Idealerweise mindestens ein- oder zweimal die Woche zu festen Terminen, auf die man sich schon vorab freuen kann. Um was es sich dabei handelt, hängt selbstverständlich ganz von Ihnen ab. Wichtig ist nur, dass Sie die Situation so stark in Anspruch nimmt, dass ein gedankliches Abschweifen („Was mache ich nur in der 8/3?") unmöglich ist.

Gleich mal ausprobieren

Besonders geeignet sind sportliche Aktivitäten, weil sie nicht nur den Geist, sondern auch den Körper fordern. So werden Sie den eventuell aufgestauten Frust und den allgemeinen Stress dadurch los, dass Sie sich körperlich völlig auspowern und Stresshormone abbauen.

Achtung!

Das viel praktizierte Jogging können wir Ihnen nur dann empfehlen, wenn Sie tatsächlich dabei abschalten können. Wälzen Sie aber während des Laufens die ganze Zeit schulische Probleme oder gehen alternative Unterrichtsplanungen durch, dann ist davon abzuraten.

LANGFRISTIG VORBEREITEN

78

Als Anfänger hangelt man sich bei den Unterrichtsvorbereitungen in der Regel von Tag zu Tag bzw. von Stunde zu Stunde. Irgendwann hat man dann das Gefühl, in einem Hamsterrad zu stecken; jeden Tag die gleiche Routine von Unterricht, Nachbereitung und Vorbereitung. Durchbrechen Sie diesen Kreislauf von Zeit zu Zeit, indem Sie sich einen kleinen „Kurzurlaub" verschaffen.

Frei im Kopf

❯ Tipp 19, 20

Wie das? Ganz einfach: Opfern Sie einen der beiden Tage Ihres wohlverdienten Wochenendes und nutzen Sie ihn, um den Unterricht für die gesamte kommende Woche vorzubereiten (Tipp 19, 20). Ein Kraftakt, der sich lohnt: Hinterher haben Sie nicht nur ein super Gefühl, weil Sie so fleißig waren. Gleichzeitig können Sie die Gedanken an Schule auch viel besser abschütteln und Ihre „freien Nachmittage" ganz spontan und völlig anders nutzen.

Achtung!

❯ Tipp 35, 41, 98

Das Einzige, was Sie nicht vorbereiten können, ist die kurze Nachbereitung der einzelnen Stunden, die notwendig ist, um gegebenenfalls nachzujustieren und auf aktuelle Entwicklungen zu reagieren. Aber Ihre Tasche müssen Sie ja ohnehin jeden Morgen neu packen, da können Sie das gleich mit erledigen (Tipp 35, 41, 98).

Mit der Pomodoro-Technik, einer Zeitmanagement-Methode, kann es Ihnen leichter fallen, Ihre Unterrichtsvor- und -nachbereitung zu organisieren und in den Griff zu bekommen.

Die Pomodoro-Technik arbeitet mit Arbeitsphasen von 25 Minuten Länge, da die Erfinder dieser Technik davon ausgehen, dass man nicht länger konzentriert an einer Aufgabe arbeiten kann.

Für die Technik brauchen Sie:
- einen Bleistift,
- zwei Listen,
- eine Küchenuhr, am besten in Tomatenform – daher auch der Name der Technik: Pomodoro heißt Tomate.

Dann gehen Sie folgendermaßen vor:

1. Erstellen Sie eine Liste, auf der Sie alle zu erledigenden Aufgaben in Häppchen à 25 Minuten unterteilt aufschreiben (Tipp 75).

❯ Tipp 75

2. Stellen Sie sich den Wecker auf 25 Minuten und bearbeiten Sie die erste Aufgabe auf Ihrer Liste.
3. Nach 25 Minuten machen Sie eine Pause von fünf bis zehn Minuten. Haken Sie die erledigte Aufgabe ab. Nach vier Arbeitsphasen („pomodori") machen Sie eine längere Pause.

Achtung!

Die Technik setzt darauf, dass man sich 25 Minuten auf nur eine einzige Tätigkeit konzentriert. Lassen Sie sich durch nichts ablenken. Telefonanrufe o. Ä. notieren Sie für eine spätere Bearbeitung in einer zweiten Liste.

Weitere Informationen und Druckvorlagen für Listen finden Sie unter www.pomodorotechnique.com

80 TEAMS BILDEN

Viele Lehrkräfte scheuen sich aus den unterschiedlichsten Gründen davor, in der Schule im Team zu arbeiten: „Warum soll ich im Team arbeiten? Wenn ich etwas allein mache, dann weiß ich wenigstens, dass ich dafür verantwortlich bin."

Tatsächlich bedeutet Teamarbeit aber eine Arbeitserleichterung. Überall, wo man Lehrkräfte befragt, die zusammenarbeiten, äußern diese, dass Teamarbeit deutlich mehr Vor- als Nachteile bringt. Die offensichtlichen Vorteile sind:

Vorteile von Teamarbeit

- Teamarbeit ist gesellig.
- In der Teamarbeit bekommt man von Kollegen Rückmeldungen zum eigenen Unterricht und zur Planung, die man sonst nicht bekäme.
- Die Unterrichtsvorbereitung im Team ist nicht nur unterhaltsam, der Ideenpool, aus dem man schöpfen kann, wächst erheblich (Tipp 47, 72).

❯ Tipp 47, 72

- Die gemeinsame Unterrichtsvorbereitung spart Zeit, weil sie arbeitsteilig erledigt werden kann.
- Klassen, in denen die gleichen Inhalte mit gleichen Arbeitsmaterialien behandelt werden, sind besser vergleichbar.
- Insgesamt verbessert sich die Unterrichtsqualität durch Teamarbeit deutlich.

Gleich mal ausprobieren

Mit wem könnten Sie in Ihrer Schule im Team arbeiten, mit wem eher nicht? Denken Sie zuerst an die Kollegen, die in derselben Klassenstufe wie Sie lehren oder Ihre Fächer unterrichten. Erstellen Sie eine Liste mit drei Kategorien:
- Mit diesen Kollegen wünsche ich mir Teamarbeit.
- Mit diesen Kollegen könnte ich zusammenarbeiten.
- Mit diesen Kollegen ist eine Teamarbeit aus meiner Sicht absolut unmöglich.

Grundsätzlich gibt es zwei unterschiedliche Modelle von Teamarbeit. Zum einen arbeiten Kollegen, die das gleiche

Fach unterrichten, in sogenannten Fachteams zusammen, zum anderen kooperieren Kollegen, die in einer Klasse unterrichten in Klassenteams. Natürlich sind beide Modelle auch miteinander kombinierbar. Voraussetzung ist, dass die Klassenlehrkraft relativ viele Fächer in ihrer Klasse selbst unterrichtet.

Für eine Steigerung der Unterrichtsqualität wäre es also ideal, wenn die Klassenlehrer nicht nur das gleiche gemeinsame Hauptfach, sondern auch noch weitere Fächer gemeinsam parallel in den Klassen unterrichten.

Um die Ecke gedacht

Die Großform der Teamarbeit ist die Arbeit in Klassenstufen- oder Jahrgangsstufenteams. Alle Lehrer einer Jahrgangsstufe treffen sich regelmäßig zur Planung und Unterrichtsvorbereitung sowie zur Vorbereitung besonderer klassenübergreifender Projekte und Exkursionen (Tipp 29). Jahrgangsstufenteams müssen bei Bedarf zur „Feinarbeit" gelegentlich Untergruppen bilden. Nicht jede Aufgabe und jedes Problem lässt sich in einer großen Gruppe lösen.

❯Tipp 29

OHNE VORBEREITUNG UNTERRICHTEN

81

Wagen Sie gelegentlich den Unterricht ganz ohne Vorbereitung. Für manch einen Lehrer ist das (leider) selbstverständlich, für einen anderen völlig undenkbar – je nach Lehrerpersönlichkeit.

Wenn Sie das Unterrichten ohne Vorbereitung jedoch gelegentlich trainieren, wird es Ihnen auch leichterfallen, hin und wieder eine spontane Vertretungsstunde gut und erfolgreich über die Runden zu bringen (Tipp 37).

❯Tipp 37

Zum Vertretungsunterricht: Entweder stellt einem der fehlende Lehrer zuvor Material zur Verfügung, das man einfach so, wie es ist, einsetzen kann, oder man muss eben etwas anderes, eigenes machen.

Es gibt verschiedene Möglichkeiten, im Ausnahmefall einmal unvorbereitet in den Unterricht zu gehen:

- Sie lassen die Schüler die Inhalte der vergangenen Stunde repetieren und fragen anschließend, wie das Thema inhaltlich weiter bearbeitet werden könnte. Sie machen also die Schüler zu den Planern des Unterrichts. Eventuelle entstehen so Ideen und Perspektiven, auf die Sie ohne Ihre Schüler gar nicht gekommen wären (Tipp 40).

❯ Tipp 40

- Sie fragen nach Themen, die die Schüler in dem Fach unbedingt einmal behandeln möchten. Schreiben Sie die Themen an die Tafel und lassen Sie abstimmen, wo die Präferenz liegt. Anschließend fertigen alle Schüler in Gruppenarbeit auf DIN-A3-Papier Mindmaps zum Thema an (Tipp 53). Das füllt eine Stunde.

❯ Tipp 53

- Die Schüler setzen sich in einen Stuhlkreis und reden über die Situation in der Klasse und ihre Zufriedenheit mit der Schule.

Achtung!

Vor allem in Unterrichtsstunden, die Sie unvorbereitet durchführen, kann es passieren, dass sie inhaltlich eventuell in eine Richtung führen, in die Sie eigentlich gar nicht wollen, die Sie nun aber fortführen müssen. Klar, auch vorbereiteter Unterricht geht manchmal nicht in die Richtung, in die Sie wollten, aber beim unvorbereiteten ist die Gefahr noch größer.

Sehen Sie diese Gefahr als Chance. Denn nun kommen Themen und Anliegen zur Sprache, an denen die Schüler wirklich interessiert sind. Sollten Sie mit einem Thema auf gar keinen Fall zurechtkommen bzw. es nicht behandeln wollen, brechen Sie das Gespräch ab und verweisen Sie darauf, dass Sie für dieses Thema mehr Vorbereitung benötigen, es nicht zu Ihren Aufgaben gehört oder Sie es aus persönlichen oder welchen Gründen auch immer nicht behandeln möchten.

Die Tendenz geht leider immer stärker dahin, den Lehrer nur noch als „Coach" zu betrachten, dessen Hauptaufgabe darin besteht, die Schüler bei ihren individuellen Lernprozessen begleitend zu unterstützen. Aber auch bei einer derartigen Sicht der Dinge bleiben Sie der „Leitwolf" bzw. der „Entertainer", der für die gesamte Gruppe den Ablauf der Lernprozesse organisieren muss. Deshalb sind Ihr „Auftritt auf der Bühne" und Ihre „Performance" nach wie vor von entscheidender Bedeutung für den weiteren Verlauf des „Events", d. h.: The stage is yours! Nutzen Sie Ihre Chance! Sammeln Sie sich und Ihre Gedanken auf den letzten paar Metern bis zur Klassentür und konzentrieren Sie sich ganz auf Ihren Auftritt. Denn die ersten Sekunden vor der Klasse entscheiden darüber, ob Ihr „Publikum" dem weiteren Verlauf der Veranstaltung im Extremfall mit gelangweiltem Desinteresse oder aber mit gespannter Erwartung entgegensieht (Tipp 44). Geben Sie also zu Beginn Vollgas, danach können Sie ganz bewusst ein, zwei Gänge runterschalten (z.B. in Stillarbeitsphasen) und sich zurücknehmen (Tipp 58). Entscheidend ist, dass Sie, bevor Sie anfangen, tatsächlich die volle Aufmerksamkeit aller Beteiligten haben.

❯ Tipp 44

❯ Tipp 58

Gleich mal ausprobieren

Für einen gelungenen Auftritt ausgesprochen hilfreich sind daher z.B. (Tipp 83–85):

❯ Tipp 83–85

- akustische Signale, wie eine große Glocke, eine laut geschlossene Tür oder zur Not auch eine geräuschvoll auf den Tisch geknallte Mappe,
- ein Hinauszögern des Starts, indem Sie konsequent warten, bis tatsächlich absolute Ruhe eingekehrt ist,
- ein bewusstes Ignorieren des Publikums durch betont langsames Arrangieren der eigenen Unterlagen, ohne dabei zu kommunizieren,
- extrem kurze verbale (Namen nennen) oder, bei Blickkontakt, nonverbale Interventionen (Zeigefinger auf den Mund), wenn nur ein oder zwei Schüler unaufmerksam sind.

Achtung!

> Achten Sie darauf, nicht zu übertreiben. Ihr Handeln darf nur Mittel zum Zweck sein, nämlich die volle Aufmerksamkeit aller zu erhalten, und darf niemals zum Selbstzweck werden. Dann wird die Sache schnell lächerlich und Sie damit auch.

83 IM ANFANG WAR DAS WORT

Es gibt eine Vielzahl verschiedener Unterrichtseinstiege. Für welchen Sie sich im konkreten Fall entscheiden, hängt ausschließlich von Ihnen und Ihrem Stundenziel ab. Aber egal, ob Sie einen informierenden Einstieg wählen, ob Sie bewusst provozieren, eine Fragehaltung erzeugen oder was auch immer: Entscheidend sind stets Ihre ersten einleitenden Sätze.

Manchmal steht man vor der Klasse, hört sich selbst reden und weiß im selben Augenblick, dass man die Schüler nicht erreicht hat, dass der Funke nicht übergesprungen oder die Aufgabe unklar geblieben ist. Sofort ist klar, dass man einen Fehler gemacht hat und dazu noch einen, der relativ leicht zu verhindern gewesen wäre.

Eröffnungsworte planen

Alles was Sie tun müssen, um derartige Situationen zu vermeiden, ist, sich für schwierige Stunden vorab am Schreibtisch ganz genau zu überlegen, mit exakt welchen Worten Sie Ihre Stunde am besten eröffnen. Das hört sich vielleicht ein bisschen wie im Referendariat an: „Achten Sie auf Ihre Impulsgebung!" Aber denken Sie daran, dass die Sprache Ihr mit Abstand wichtigstes Werkzeug darstellt, und deshalb ist es sinnvoll, sich bei anspruchsvollen Stundeneröffnungen die ersten ein bis zwei Sätze tatsächlich zu Hause auf seinem Stundenzettel (Tipp 34) zu notieren.

❯ Tipp 34

Sie müssen sie nicht unbedingt auswendig lernen. Das Niederschreiben der einleitenden Wörter reicht im Normalfall aus, um die Formulierung zumindest vorübergehend im

Langzeitgedächtnis zu verankern. Falls nicht, genügt ein kurzer Blick auf Ihren Zettel, um sich vor Stundenbeginn noch einmal zu erinnern.

Um die Ecke gedacht

Ihre Sprache ist der Spiegel Ihres Denkens. Wenn Sie zu Beginn der Stunde nicht in der Lage waren, Ihren Schülern den Weg zum Ziel exakt zu skizzieren bzw. die erforderliche Neugierde oder auch nur Aufmerksamkeit bei ihnen zu erzeugen, dann zeigt dies auch, dass Sie selbst die Stunde bei Ihrer Unterrichtsvorbereitung nicht komplett zu Ende gedacht haben (Tipp 39).

❯ Tipp 39

DIE STIMMUNG ERGRÜNDEN

84

Sie sind bestimmt immer gelassen, ausgeglichen und freundlich. Oder etwa nicht? Jeder Lehrer hat ein anderes Temperament, und das merken die Schüler natürlich auch. Der eine ist tatsächlich immer konstant gut gelaunt, der andere vielleicht oft übellaunig oder leicht reizbar.

Dasselbe gilt natürlich auch für die Schüler und ganze Klassen. Manchmal wundern Sie sich, dass die Schüler nicht richtig mitmachen und verschlafen wirken, obwohl sie erst (oder schon) die dritte Unterrichtsstunde am Tag haben. Ein anderes Mal sind die Schüler aufgekratzt und lebhaft, sie erzählen und erzählen und Sie kommen gar nicht zu dem, was Sie eigentlich vorhatten. Und wieder ein anderes Mal sind die Schüler reizbar, missmutig und auf Krawall gebürstet.

Planen Sie eine Stunde, bei der es besonders wichtig ist, dass die Schüler guter Laune sind, sollten Sie auf Nummer sicher gehen und am Anfang der Stunde die Stimmung der Schüler ergründen (Tipp 62). Die Möglichkeiten dazu sind vielfältig:

Gute oder schlechte Laune?

❯ Tipp 62

- Die Schüler mit guter Laune stellen sich zur Tafel, die mit schlechter Laune zur Wand.
- Verteilen Sie im Raum Kärtchen mit vergrößerten Emoticons. Lassen Sie die Schüler sich an dem der eigenen Stimmung entsprechenden Symbol sammeln. Diese Emoticons könnten Sie verwenden:
  :-) oder :o) (lächelndes Gesicht/Freude)
  ;-) (zwinkern/„Nimm's nicht so ernst")
  :-((trauriges Gesicht/Ärger, Enttäuschung)
  :-P (Zunge rausstrecken/frech sein)
  :-D (lautes Lachen/Spaß)
  :-O (Überraschung/Erstaunen)
- Zeichnen Sie ein Thermometer an die Tafel („Ich fühle mich … schlecht, mittelmäßig, super.") Die Schüler malen einen Punkt an die Stelle, die ihrer Stimmung entspricht.
- Lassen Sie sich zeigen, wie sich Ihre Schüler fühlen: Daumen hoch (super), Daumen zur Seite (so lala), Daumen nach unten (katastrophal).
- Malen Sie eine Zielscheibe auf ein Flipchart (–5 bis +5). Die Schüler schätzen ihre Stimmung mit Klebepunkten ein.

Achtung!

Manchmal kann es sinnvoll sein, die Stimmung anonym abzufragen. Dann schließen sich manche Schüler nicht einfach nur den Leithammeln in der Klasse an. Drehen Sie die Tafel oder das Flipchart einfach zur Wand, jeder gibt nacheinander seine Stimme ab, niemand wird beobachtet.

Rituale sind für Schüler und Lehrer gleichermaßen wichtig. Sie schaffen Sicherheit und Verlässlichkeit und sie erleichtern den Einstieg in den Unterricht. Allerdings müssen sie erst eingeübt werden, oft funktionieren sie nicht auf Anhieb. In den letzten Jahren ist es in Deutschland etwas aus der Mode gekommen, hat jedoch seinen Sinn: Das Aufstehen zur Begrüßung. Dieses Ritual, bei dem sich die Schüler und die Lehrkraft gegenüberstehen, hat etwas mit Sammlung, Konzentration, zur Ruhe kommen sowie gegenseitigem Respekt und Achtung zu tun.

Einige Regeln sollten für das Begrüßen im Stehen beachtet werden:

Begrüßungsregeln

- Stehen die Schüler vor ihren Stühlen oder hinter ihren Stühlen? (Hinter den Stühlen bedeutet mehr Unruhe beim Hinsetzen, vor den Stühlen bedeutet weniger Aufmerksamkeit bei der Begrüßung).
- Wenn die Schüler im Stehen zur Ruhe gekommen sind, nützt das ganze Ritual gar nichts, wenn sie sich lärmend und quatschend anschließend wieder hinsetzen. Auch beim Hinsetzen Ruhe und Konzentration zu bewahren, sollte deshalb geübt werden.
- Wie begrüßen Sie die Schüler? „Guten Morgen!" oder „Guten Morgen, Klasse 7c!" oder „Guten Tag, liebe Schülerinnen und Schüler!"?
- Wie antworten Ihre Schüler? „Guten Morgen, Frau Kannegießer-Wärmepott!" oder „Moin!" oder „Wir begrüßen unseren Klassenlehrer mit einem dreifachen …"?

Achtung!

Manche Lehrer legen Wert darauf, ohne Namen begrüßt zu werden: „Ich weiß doch, wie ich heiße!" Aber die Namennennung hat auch etwas mit Ehrerbietung und Anerkennung zu tun. Deshalb sollte nicht darauf verzichtet werden.

Ein anderes Ritual zur Sammlung und Konzentration zu Beginn der Stunde ist, nach der Begrüßung für ein bis zwei Minuten in der Klasse absolute Stille walten zu lassen. So kann man sich als Lehrer gedanklich noch einmal mit dem beschäftigen, was man gleich vorhat, während die Schüler die Möglichkeit bekommen, nach einer unruhigen oder sogar turbulenten Pause abzuschalten bzw. auf Unterricht umzuschalten.

Gleich mal ausprobieren

Schreiben Sie vor Beginn der Stille das Thema der Stunde an die Tafel. Wollen Sie die Schüler zum Grübeln über das Stundenthema anregen, dann formulieren Sie eine einfache Frage („Was geschah 1848?") oder eine komplizierte („Wie hätte sich die Geschichte Deutschlands wohl entwickelt, wenn es das Jahr 1848 nicht gegeben hätte?").

Eine andere Möglichkeit besteht darin, nur Begriffe an die Tafel zu schreiben, mit denen die Schüler in der Stille etwas assoziieren sollen.

STILL DISKUTIEREN

86

Die stille Diskussion ist eine Methode, mit der sich Schüler hoch konzentriert am Anfang einer Stunde auf ein Thema einstellen und gleichzeitig bereits vorhandenes Vorwissen aktivieren können.

Diese Methode muss einige Male geübt werden, bevor sie richtig gut funktioniert:

- Die Schüler bilden Kleingruppen mit etwa vier Personen. Das geht ganz einfach: Sitzen die Schüler in Reihen, drehen sich immer zwei Schüler zu den hinter ihnen sitzenden Mitschülern um.
- Jede Gruppe erhält ein großes Blatt, auf dem in der Mitte das Thema steht.
- ❯ Tipp 53 Ähnlich der Mindmap-Methode (Tipp 53) ergänzen die Schüler reihum, was ihnen zu diesem Thema einfällt.

- Weil die Methode „Stille Diskussion" heißt, dürfen die Schüler die Bemerkungen ihrer Mitschüler natürlich nur schriftlich kommentieren. Dabei muss absolute Stille herrschen.

So entwickelt sich auf dem Papier ein Dialog, bestenfalls eine Diskussion. Aus dieser kann man am Ende der stillen Diskussion gemeinsam Leitfragen oder Hypothesen bilden, die im Laufe des Unterrichts überprüft werden.
Formulieren Sie am Beginn der stillen Diskussion provokative Fragen, die zum Nachdenken oder zum Diskutieren anregen, dann gelingt diese Methode besonders gut.

Achtung!

Für die stille Diskussion gelten die gleichen Regeln wie für jede andere Diskussion im Unterricht. Es ist wichtig, darauf hinzuweisen:
- Jeder darf ausreden (bzw. hier: zu Ende schreiben, bevor kommentiert wird).
- Jeder hat das Recht auf eine eigene Meinung, die akzeptiert werden muss.
- Es werden keine abfälligen oder erniedrigenden Kommentare geschrieben.
- Es wird sich auf dem Blatt Papier über niemanden lustig gemacht.

Hält man sich nicht an diese Regeln, kann es schnell dazu kommen, dass Schüler diese Methode nicht ernst genug nehmen, anfangen zu lachen, andere ablenken und die Einstiegsphase sprengen.

87 ANSPANNUNG UND ENTSPANNUNG ÜBEN

Die Schüler können sich besser auf den Unterricht einlassen, wenn sie mit einem guten Körpergefühl in den Unterricht gehen.

Deswegen sind nach Klassenarbeiten oder intensiven Arbeitsphasen in vorangegangenen Stunden Übungen zur Anspannung und Entspannung besonders hilfreich.

Natürlich können diese Übungen nicht nur zum Beginn der Stunde, sondern auch zum Ende der Stunde durchgeführt werden.

Entspannungs-übungen

Probieren Sie die Übungen zunächst zu Hause aus, dann machen Sie die Übungen mit den Schülern:

- Eine erste, einfache Übung für die Schüler ist diese: Die Schüler sitzen gerade auf ihrem Stuhl, ohne sich anzulehnen. Die Füße stehen gerade auf dem Boden. Sie legen die Hände (Handflächen nach unten) auf den Tisch und atmen ruhig fünfmal ein und aus. Danach: Die Schüler ballen die Hände zu Fäusten, spannen sie an und atmen trotzdem ruhig weiter, fünfmal ein und aus. Zuletzt noch einmal fünfmal ein- und ausatmen mit entspannter Handhaltung.
- Funktioniert die Übung im Sitzen gut, können die Schüler die gleiche Übung im Stehen machen: Zunächst beim Ein- und Ausatmen ruhig und gerade stehen, danach auf die Zehenspitzen stellen, sich mit den Händen nach der Decke strecken und fünfmal ein- und ausatmen. Schließlich wieder in die Ausgangsposition zurückkehren und fünfmal ein- und ausatmen.
- Ganz entspannt ist der gesamte Körper, wenn alle Körperteile in dieser Reihenfolge nacheinander fünf Sekunden angespannt und fünf Sekunden entspannt werden (dabei immer ruhig weiter atmen). Diese Übung nennt man „Progressive Muskelentspannung":
  1. Füße
  2. Beine
  3. Po

4. Bauch
5. Rücken
6. Schultern
7. Arme
8. Hände
9. Gesicht

SOS-Tipp

Die Anspannung des Gesichts kann zu einer Grimasse führen. Dennoch: Keiner lacht seinen Mitschüler aus! Im Gegenteil, machen Sie ein Spiel daraus! Wer schafft es, die tollste Grimasse durch das Anspannen des Gesichts zu ziehen?

DEN EIGENEN NAMEN BUCHSTABIEREN

88

Sie wollen wissen, wie es Ihren Schülern am Anfang der Stunde geht? Sie wollen erfahren, welches Vorwissen die Schüler bereits haben? Sie möchten wissen, was von der letzten Stunde hängengeblieben ist? Sie sind interessiert daran, die Kreativität Ihrer Schüler herauszufordern?

Dann lassen Sie Ihre Schüler den eigenen Vornamen auf ein Blatt schreiben, aber mit einzelnen Buchstaben untereinander.

Fordern Sie Ihre Schüler danach auf, aus den Buchstaben des eigenen Namens einen vollständigen Satz zu bilden. Geben Sie dazu eine eindeutige Fragestellung vor, auf die der selbst gebildete, vollständige Satz die Antwort sein muss (Tipp 45).

Kreativität trainieren

❯ Tipp 45

Mögliche Fragen könnten sein:
- Wie fühlst du dich heute Morgen?
- Welches Thema haben wir in der vergangenen Stunde behandelt?
- Was weißt du über das Thema „xy"?
- Nenne eine Kernaussage der Geschichte / des Buches.

Beispiel

Lehrer: „Nenne eine Kernaussage des Gedichts *Die Bürgschaft* von Friedrich Schiller."

Johannes:

J Jeder
O ohne
H Hass
A achte
N Nachbarn
N nebst
E einzigartiger
S Selbstlosigkeit.

Man kann die kreative Aufgabe noch steigern, indem man den Vor- und den Nachnamen verwendet und daraus z. B.

- einen langen Satz bildet,
- eine Frage und eine Antwort konstruiert,
- einen Haupt- und einen Nebensatz erdenkt,
- ein Argument für eine Sache, eines dagegen formuliert.

Gleich mal ausprobieren

In Partnerarbeit können sich zwei Schüler mit ihren Vornamen Frage und Antwort ausdenken oder versuchen, eine ähnliche Aussage, nur mit anderen Wörtern zu finden.

89 ABLÄUFE RICHTIG ORGANISIEREN

❯ Tipp 30

Sie haben das Informationsschreiben für die Klassenfahrt zu Beginn der Stunde ausgeteilt und wundern sich, dass kaum ein Schüler Ihrer Aufforderung Folge leistet und es wegpackt, sondern dass stattdessen eifrig diskutiert wird? Sie haben beim Stationenlernen (Tipp 30) oder beim Zirkeltraining die Reihenfolge der einzelnen Stationen nicht sinnvoll im Raum arrangiert und deshalb herrscht jetzt allgemeines Chaos? Die Gruppenbildung dauert ewig oder endet sogar mit Tränen, weil Sie einfach nur die Anweisung gaben, Vierergruppen zu bilden?

Diese drei kleinen Beispiele zeigen, dass es sich sehr schnell negativ bemerkbar macht, wenn Sie bei Ihrer Unterrichtsvorbereitung nicht darauf achten, Mensch und Material optimal aufeinander abzustimmen.

Lassen Sie sich daher immer dann, wenn der Ablauf der Stunde in Bezug auf die zeitlich und räumlich richtigen Zusammenhänge sehr komplex ist, von den folgenden drei Prinzipien leiten:

1. Achten Sie auf maximale Einfachheit und Klarheit in Bezug auf die Abläufe.
2. Entscheiden Sie sich immer für die am wenigsten störanfällige Variante.
3. Versuchen Sie den zeitlichen Aufwand ihrer Maßnahmen so gering wie möglich zu halten.

Optimale Abstimmung

Achtung!

Machen Sie nicht den Fehler, immer alles komplett selbst organisieren und in der Hand behalten zu wollen. Das Delegieren von Aufgaben an die Schüler entlastet Sie und gibt Ihren Schülern die Möglichkeit, sich auszuprobieren und Verantwortung zu übernehmen. Denken Sie also daran: „Never do anything yourself that others can do for you." *(Agatha Christie)*

DIE „VERSTÄNDNISFALLE" VERMEIDEN

Kennen Sie das? Sie gehen voller Optimismus und mit einem guten Gefühl an die Korrektur einer Klassenarbeit, aber schon bei der ersten groben Durchsicht wird klar, dass Ihre Schüler wesentliche Kompetenzen bzw. Lernziele nicht erreicht haben. Dabei waren Sie sich sicher, dass die Mehrheit den Stoff verstanden hat. Sie sind in die „Verständnisfalle" getappt.

Lehrer neigen dazu, einige richtige Antworten (in der Regel von den guten Schülern) als Beweis dafür anzusehen, dass sie erfolgreich waren und nicht nur der betreffende Schüler, sondern die ganze Gruppe den Sachverhalt verstanden hat. Diese Art von „Wunschdenken" ist menschlich und nur schwer zu vermeiden. Versuchen Sie daher bereits bei Ihrer Unterrichtsvorbereitung Elemente einzubauen, die Ihnen helfen, die „Verständnisfalle" zu umgehen:

Wissenstest

- Lassen Sie von Zeit zu Zeit kurze schriftliche Hausaufgabenkontrollen schreiben, die sich nur auf die letzte Stunde beziehen und daher ein gutes diagnostisches Mittel darstellen.
- Lassen Sie den Schülern genügend Zeit, neue Inhalte zu festigen. Beispielsweise indem Sie einzelne Schüler als Lehrer einsetzen, mit der Aufgabe, das neu Gelernte mit der Klasse zu wiederholen.
- Beginnen Sie die Stunde mit dem Spiel „Lehrer gegen Klasse" (Tipp 44).

❯ Tipp 44

Gleich mal ausprobieren

Versuchen Sie generell, eine Fragebereitschaft bei Ihren Schülern zu etablieren. Dazu reicht es nicht aus, am Stundenende alibimäßig zu fragen, ob (etwa) jemand etwas noch nicht verstanden hat. Vielmehr müssen Sie mit der Zeit eine regelrechte „Fragekultur" entwickeln. Loben Sie immer wieder Schüler, die sich trauen, Fragen zu stellen und machen Sie unmissverständlich deutlich, dass dies keine negativen Auswirkungen auf ihre mündliche Note hat, sondern, ganz im Gegenteil, die Fragen eine Bereicherung für den Unterricht darstellen.

91

Hausaufgaben sind Hausaufgaben – und die Erfahrung der meisten Schüler ist, dass Hausaufgaben lästig sind, Mühe bereiten und selten Spaß machen.

Oft genug ist das nicht nur ein Vorurteil, das pubertierende Schüler pflegen, sondern tatsächlich Realität.

Denken Sie einmal nach: Wie oft würden Sie sich innerhalb einer Woche bei einem dieser Sätze ertappen?

- „Wer mit der Aufgabe nicht fertig wird, beendet sie zu Hause!"
- „Der Rest ist Hausaufgabe."
- „Guckt euch das zu Hause noch mal an."
- „Zu Hause zu Ende lesen!"

Sicher, manchmal ist es eine gute Lösung, Angefangenes zu Hause beenden zu lassen, manchmal aber auch eine ganz schlechte: Die guten Schüler, denen alles leichtfällt, werden schon in der Schule mit den Aufgaben fertig und haben nachmittags frei; die Schüler, denen das Lernen und Mitkommen schon in der Schule schwerfällt und riesige Mühe und Konzentration abverlangt, müssen nun auch noch zu Hause ranklotzen und auf ihre Freizeit und Erholung verzichten.

Überprüfen Sie deshalb, wie Sie Hausaufgaben so formulieren können, dass sie den Schülern Freude und Lernerfolge ermöglichen und nicht nur stupides, vertiefendes Üben sind.

Eine motivierende Form der Hausaufgabe sind z. B. Forschungsaufträge. Und diese gibt es in jedem Unterrichtsfach.

Forschungsaufträge

Gleich mal ausprobieren

Nennen Sie drei Themen, die Sie im Moment im Unterricht in Ihren (studierten) Fächern behandeln:

1. ...
2. ...
3. ...

Nun schreiben Sie zu jedem Thema einen Forschungsauftrag, der sich als Hausaufgabe eignen würde. Am besten beginnt dieser mit den Worten ...

1. Finde heraus, ...
2. Versuche zu ergründen, ...
3. Kläre, ob ...

Legen Sie für die Bearbeitung der Forschungsaufträge klare Regeln fest (z.B. zu verwendende Medien, handschriftliche Lösung der Aufgabe in ganzen Sätzen, usw.).

Um die Ecke gedacht

Sie machen die Hausaufgabe noch spannender, wenn Sie zehn unterschiedliche Forschungsaufträge formulieren, jeden zwei- bis dreimal auf Karteikarten schreiben (also sooft, wie Sie Schüler in der Lerngruppe haben wollen) und dann am Ende der Stunde jeden Schüler einen Auftrag aus einer Kiste ziehen lassen. Niemand verrät den Auftrag, den er gezogen hat.

In der kommenden Stunde bilden sich Kleingruppen mit den gleichen Arbeitsaufträgen, vergleichen Ihre Ergebnisse und bereiten daraus in zehn Minuten einen Kurzvortrag vor, den sie anschließend vor der Klasse halten.

SOLLBRUCHSTELLEN VORBEREITEN

92

Jede gute Stunde hat ein klares und eindeutiges Ende. Das Klingelzeichen platzt nicht mitten in die gemeinsame Lektüre, und den Rest der gerade bearbeiteten Aufgabe einfach zur Hausaufgabe zu machen, ist auf Dauer auch keine gute Lösung. Überlegen Sie sich daher bereits bei der Vorbereitung Ihres Unterrichts, an welchen Stellen man die Stunde, falls nötig, sinnvoll beenden könnte, sollten Sie mit der Gruppe langsamer vorankommen als erwartet.

Klares Stundenende So vermeiden Sie, dass sich bei den Schülern das Gefühl einstellt, man würde das Thema lustlos in kleinen Portionen herunterarbeiten, ganz egal an welcher Stelle man den Arbeitsprozess unterbricht und in der nächsten Stunde wieder aufnimmt. Finden Sie dagegen ein klares und sinnvolles Ende für die Stunde, vermitteln Sie Ihren Schülern nicht nur den Eindruck, dass Sie als Lehrer gut vorbereitet und organisiert sind, sondern auch, dass das Thema selbst einen roten Faden hat, an dem man sich gemeinsam in wohldurchdachten kleinen Abschnitten erfolgreich entlangarbeitet.

SOS-Tipp

Manchmal kommt es vor, dass noch zwei bis drei Minuten Zeit bis zum Klingeln sind, es aber keinen Sinn mehr macht, ein neues Teilthema zu beginnen. Scheuen Sie sich dann nicht davor, dies der Klasse auch mitzuteilen und den thematischen Teil der Stunde ganz offiziell vorzeitig zu beenden. Falls Ihr Vorgehen dadurch notwendig geworden ist, dass die Gruppe sehr viel schneller fertig war als von Ihnen erwartet, vielleicht weil sie sehr konzentriert und diszipliniert gearbeitet hat, sollten Sie Ihren Eindruck den Schülern in Form eines Lobes auch unbedingt mitteilen (Tipp 56). Sie können die „Restzeit" auch nutzen, um einzelne Schüler direkt wegen ihres Arbeitverhaltens anzusprechen, Notenstände anzusagen, organisatorische Dinge zu klären usw. (Tipp 94–96).

❯ Tipp 56

❯ Tipp 94–96

DIE KLASSE VERABSCHIEDEN

93

Genauso, wie Sie Wert auf eine formelle Begrüßung der Klasse legen (Tipp 85), sollten Sie auch einer höflichen und geordneten Verabschiedung der Klasse größte Bedeutung zumessen. Meist geht die Verabschiedung der Klasse im Packen, Anziehen, Vorbereiten auf die Pause usw. leider etwas unter. Das muss nicht sein und kann durchaus mit der Klasse eingeübt werden. Besonders die schnellen Schüler müs-

❯ Tipp 85

sen hier Rücksicht auf die langsameren nehmen und die langsamen müssen lernen, sich etwas mehr zu beeilen, um nicht Schuld an einer zu kurzen Pause für alle anderen zu sein.

Gleich mal ausprobieren

Bewährt hat sich diese Reihenfolge:

1. Notieren der Hausaufgaben (oder der Forschungsaufträge) (Tipp 91),

2. Packen aller Sachen und eventuell das Bereitlegen des Pausenbrotes,

3. anziehen und hinter den Stuhl stellen,

4. warten auf die Langsamen,

5. warten auf die ganz Langsamen,

6. wenn alle fertig sind (eventuell auch erst nach dem Klingelzeichen), sich gegenseitig verabschieden. Davor gegebenenfalls noch eine ganz kurze Stundenzusammenfassung und ein noch kürzerer Ausblick auf die nächste Stunde.

Diese Reihenfolge hat den Vorteil, dass Sie meist sofort sehen, ob ein Schüler etwas vergisst, z.B. seine Jacke oder die Sportsachen am Kleiderhaken, denn die müssen bei der Verabschiedung bereits alle „am Mann" sein.

Achtung!

Die geordnete gemeinsame Verabschiedung sollte zu einem Ritual werden. Das funktioniert nicht von jetzt auf gleich und muss einige Zeit geübt werden. Sind Sie Klassenlehrer und führen Sie dieses Ritual bei sich in der Klasse ein, dann müssen Sie unbedingt Ihre Kollegen mit ins Boot holen und darauf drängen, dass diese ebenso verfahren.

Kleben Sie einen Zettel auf den Lehrertisch oder ins Klassenbuch, auf dem Sie das Begrüßungs- und das Verabschiedungsritual genau beschreiben. Noch besser ist es natürlich, wenn sich das ganze Lehrerkollegium auf ein einheitliches Ritual einlassen würde.

Mit diesem Ritual bringen Sie ein Stück mehr Ordnung in den Unterricht, lassen ihn nicht so ausplätschern und setzen einen vernünftigen und klaren Schlusspunkt. Überfrachten Sie Ihre Verabschiedung jedoch nicht damit, indem Sie noch einmal alle wesentlichen Aspekte der im Unterricht behandelten Themen wiederholen. Dafür fehlt den Schülern meist die Aufmerksamkeit und Konzentration. Ein komprimierter Schlusssatz, gegebenenfalls mit einem weiteren Halbsatz zum Inhalt der nächsten Unterrichtsstunde reicht meist völlig aus.

FEEDBACK AM STUNDENENDE BEKOMMEN

> Tipp 84

94

Genauso wie Sie am Anfang einer Stunde die Stimmung der Klasse ergründen können (Tipp 84), können Sie am Ende der Stunde mit einfachen Feedback-Methoden eine Rückmeldung zu Ihrem Unterricht von den Schülern erhalten. Nutzen Sie diese Chance!

Achtung!

Legen Sie unbedingt vorab Regeln für die kurzen Feedback-Runden am Ende einer Stunde fest:
- Jeder beschreibt, es wird nicht interpretiert oder gewertet.
- Positives wird zuerst genannt, Negatives zum Schluss.
- Es werden konkrete Dinge benannt und Ich-Botschaften verwendet.
- Die Teilnehmer gehen nicht auf das Gesagte der anderen ein, sondern stellen ihre eigene Sicht dar.

Ein Feedback kann unterschiedlich erfolgen. Z. B.:
- in Form eines „Blitzlichtes": Alle Schüler sitzen im Kreis, jeder sagt einen kurzen Satz.
- auf einem skizzierten Stimmungsbarometer an der Tafel, in das jeder seinen Punkt malt.

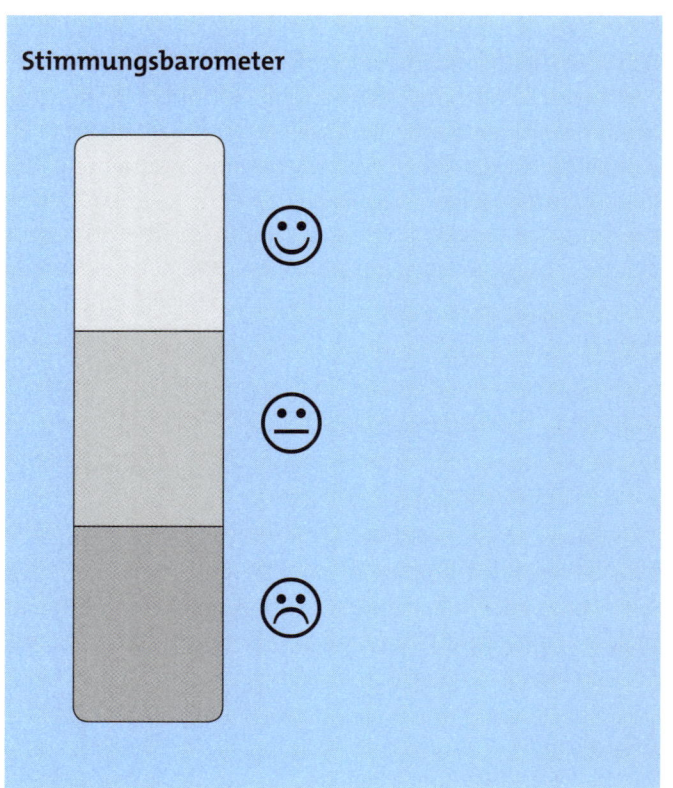

Stimmungsbarometer

95

Möchten Sie wissen, wie Ihre Unterrichtsstunde noch besser werden kann, dann befragen Sie echte Schulprofis: Ihre Schüler. Die wissen am besten, was guter und was schlechter Unterricht ist.

Wenn man den Schülern genau erklärt, dass einem ihre Rückmeldung sehr wichtig ist und dass diese auch Auswirkungen auf die Qualität des weiteren Unterrichts haben kann, dann nehmen die Schüler ihre Aufgabe auch durchaus ernst.

Eine unsystematische Rückmeldung, die nicht so sehr an einen langweiligen Fragebogen erinnert, bei der die Schüler aufgefordert sind, sich selbst Gedanken zu machen und diese eigenständig zu formulieren, anstatt einfach nur Kreuzchen in einer Liste zu machen, könnte so aussehen:

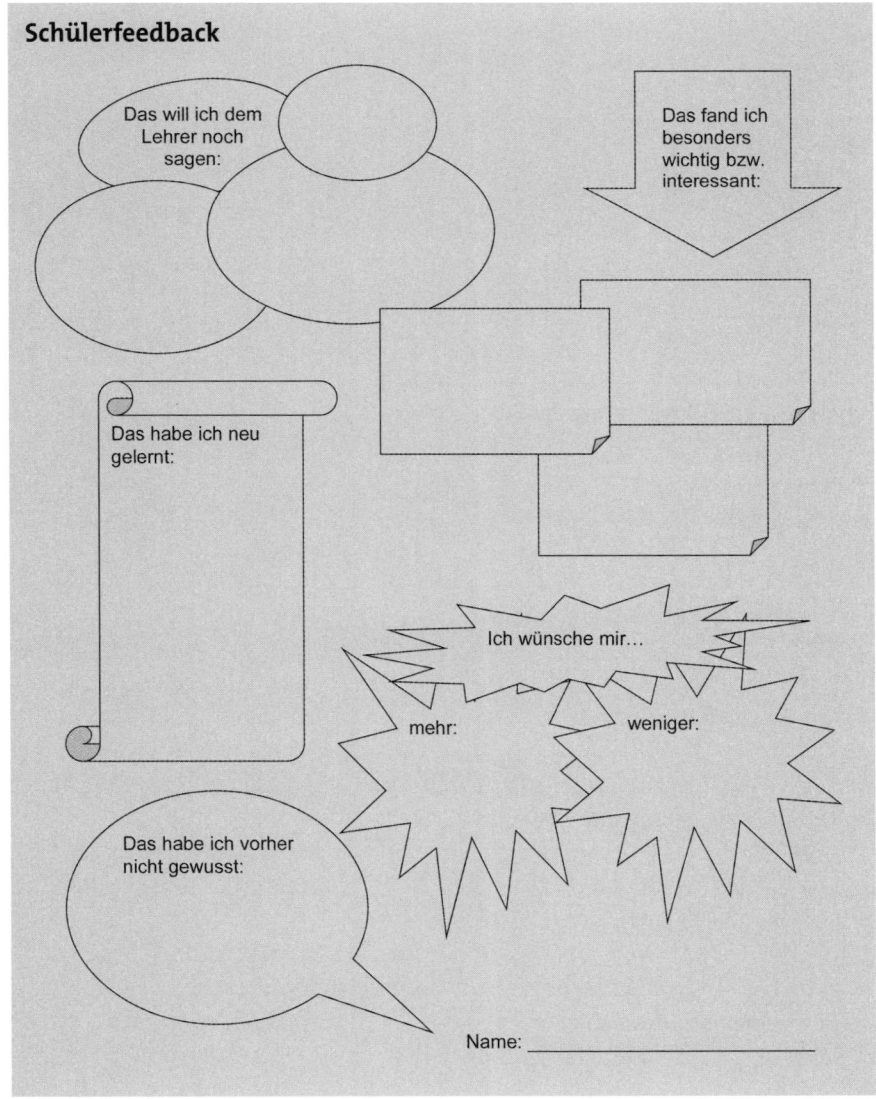

96

STUNDENBEWERTUNG: SCHÜLERFEEDBACK II

Eine im Gegensatz zu der in Tipp 95 vorgestellten etwas systematischere Auswertung der Stunde, die Sie auch statistisch aufbereiten und den Schülern in der nächsten Stunde (bzw. den Eltern auf der nächsten Elternversammlung) präsentieren können – wenn Sie es möchten –, könnte hingegen so gestaltet sein:

Name: Klasse: Datum:	trifft voll zu	trifft eher zu	trifft eher nicht zu	trifft gar nicht zu
1. Der Unterricht war interessant.				
2. Der Lehrer war gut vorbereitet.				
3. Die Stunden hatten keinen roten Faden.				
4. Die Bewertung war gerecht.				
5. Es war ruhig genug, um arbeiten zu können.				
6. Ich war überfordert.				
7. Bei Problemen wurde mir geholfen.				

Kritik:				
Tipps:				
Bemerkungen:				
Gesamtnote:				

Achtung!

Bei diesem Fragebogen sind die Aussagen so formuliert, dass die positive Antwort manchmal in der ganz rechten Antwortspalte und manchmal in der linken ist. Das soll bei den Schülern das genaue Lesen befördern. Wenn ein Schüler nur ganz rechts oder nur ganz links ankreuzt, wissen Sie, dass er die Befragung wahrscheinlich nicht besonders ernst genommen hat.

EINE UNTERRICHTSREIHE BEWERTEN

Name:	Datum:
Fach:	Klasse:

Thema der Unterrichtsreihe:	
Das war mir neu an diesem Thema:	
Das fand ich besonders interessant:	
Das fand ich ganz besonders langweilig:	
Das wusste ich bereits vorher und war mir nicht neu:	
Noch mehr würde ich gerne erfahren über:	
Könnte ich darüber entscheiden, wie das Thema behandelt wird, würde ich Folgendes vorschlagen:	
Das möchte ich auch noch zu dem Projekt/der Unterrichtsreihe schreiben:	

Meine Gesamtwertung:	1	2	3	4	5	6

98

Gewöhnen Sie sich an, Ihre Stunden zu reflektieren. Das können Sie auf Ihrem Stundenzettel machen, den Sie dann gut archivieren. Sie können es aber auch nur gedanklich erledigen oder, wenn etwas besonders gut bzw. besonders schlecht war, auch mit dieser Liste, die ebenfalls z. B. zur Stundenauswertung im Rahmen des Referendariats geeignet ist:

Stundenauswertung			
	ja	teil-weise	nein
Unterrichtsplanung			
War die Unterrichtsplanung im Ganzen sinnvoll?			
Gab es Stärken?			
Gab es Schwächen?			
Waren die Schüler überfordert?			
Waren die Schüler unterfordert?			
War der gewählte Weg sinnvoll und effektiv?			
Waren die eingesetzten Medien lern-förderlich?			
War die Wahl des Stundenziels angemessen?			
Bemerkungen:			

	ja	teil-weise	nein
Unterrichtsdurchführung			
Ist der Gesamteindruck der Stunde gut?			
War die Einschätzung der Leistungsfähigkeit der Klasse zutreffend?			
Wurde das Stundenziel erreicht?			
Hat die zeitliche Planung funktioniert?			
Wurden die Teillernziele erreicht?			
Gab es bei Schülern Verständnisschwierigkeiten?			
Mussten zusätzliche, nicht geplante Hilfen gegeben werden?			
War die Ergebnissicherung erfolgreich?			
Werden die folgenden Stunden wie in der Planung vorgesehen durchgeführt?			
Bemerkungen:			
Lehrerverhalten			
Hat die Impulsgebung funktioniert?			
War der Redeanteil angemessen?			
Mussten Fragen mehrfach gestellt, Arbeitsaufträge mehrfach gegeben werden?			

Gab es Unterrichtsstörungen?			
Wurde bei Unterrichtsstörungen angemessen reagiert?			
Bemerkungen:			

Schülerverhalten

Arbeiteten die Schüler aktiv mit?			
Wurden die Leistungen der Einzelnen gewürdigt?			
Wurden auch zurückhaltende Schüler einbezogen?			
Haben sich viele Schüler am Unterricht beteiligt?			
Haben Schüler sichtbar abgeschaltet oder sich ausgeklinkt?			
Bewiesen die Schüler Eigeninitiative und Selbstständigkeit?			
Bemerkungen:			

Fazit

Würde die Stunde in dieser Form noch einmal durchgeführt werden?			
Bemerkungen:			

99

VERGESSEN SIE IHRE SCHÜLER NICHT!

Bei allem Planen, Vorbereiten, Nachbereiten und Auswerten dürfen Sie das Wichtigste nicht vergessen: Ihre Schüler. Denken Sie immer daran, dass Sie Unterricht nicht deshalb planen, um ihn selbst möglichst gut zu überstehen, sondern deshalb, weil Sie Ihre besten Fähigkeiten für Ihre Schüler einsetzen möchten. Aus diesem Grund sind Sie Lehrer geworden.

Gleich mal ausprobieren

Sie sitzen am Schreibtisch zu Hause und bereiten Ihren Unterricht vor. Morgen ist die Klasse 8b mit Geschichte und Deutsch dran. Nehmen Sie sich Ihr Notenbuch zur Hand und lesen Sie sich die Namen Ihrer Schüler durch. Für diese Schüler sind Sie Lehrer geworden, für diese Schüler ganz speziell bereiten Sie Ihren Unterricht vor (Tipp 13, 21).

❱ Tipp 13, 21

Wenn Ihnen bei dem ein oder anderen Schüler der Gedanke kommt: Was ist das nur für ein Chaot?!, dann gehen Sie einmal die Liste von oben bis unten durch und überlegen Sie kurz, was jeden einzelnen Schüler besonders, einzigartig und liebenswürdig macht. Jeder Schüler kann irgendetwas besser als alle anderen. Was ist es?

Beteiligen Sie Ihre Schüler indirekt an den Planungen und fragen Sie Ihre Schüler in Gedanken, wie ihrer Meinung nach der Unterricht inhaltlich und methodisch gestaltet sein sollte (Tipp 94–97). Sie werden tolle Ergebnisse erhalten.

❱ Tipp 94–97

Um die Ecke gedacht

Aber denken Sie auch einmal an sich selbst. Sie sind selbstverständlich für Ihre Schüler verantwortlich, aber auch für sich selbst. Gehen Sie verantwortlich mit Ihrer Gesundheit um. So haben Ihre Schüler und Sie mehr davon.

Und wenn es Ihnen heute Abend so geht, dass die Unterrichtsvorbereitung für den nächsten Tag einfach nicht klappen will, dann lassen Sie diese ausnahmsweise sein (Tipp 40, 81).

❱ Tipp 40, 81

Machen Sie es sich in Ihrem Lieblingssessel gemütlich, legen Sie eine gute CD zum Entspannen ein (z.B. Keith Jarrett: „The melody at night with you" oder Jan Garbarek/ The Hilliard Ensemble: „Officium"), öffnen Sie eine gute Flasche Wein und tun Sie einfach mal einen Abend lang nichts, außer sich zu entspannen und zu genießen. Am nächsten Tag in der Schule werden Sie bemerken, dass auch diese Form der Vorbereitung manchmal eine sehr gute ist.

Jäger, Michael (2005): Schulmanagement Handbuch Unterrichtsevaluation, Oldenbourg Verlag: München.

Kleine, Thorsten; Rademacher, Stephan (2011): Schulmanagement Handbuch Urheber- und Medienrecht in der Schule, Oldenbourg Verlag: München.

Mittelstädt, Holger u. a. (2012): 99 Tipps. Für Klassenlehrer, Cornelsen Verlag: Berlin.

Mittelstädt, Holger u. Rainer (2009): 99 Tipps. Effektives Selbstmanagement, Cornelsen Verlag: Berlin.

Portmann, Rosemarie (2008): Die 50 besten Spiele für mehr Sozialkompetenz, Don Bosco Verlag: München.

Thömmes, Arthur (2005): Produktive Unterrichtseinstiege, Verlag an der Ruhr: Mülheim an der Ruhr.

Links im Internet:
(letzter Zugriff am 27. April 2012)

http://de.wikipedia.org/wiki/Kreativitätstechniken
http://fraufreitag.wordpress.com/
http://primimaus.wordpress.com/
www.4teachers.de/
www.bildungsserver.de/
www.cornelsen.de/home/
www.herr-rau.de/wordpress/
www.lehrer-online.de/sekundarstufen.php
www.pomodorotechnique.com
www.schulbuchkopie.de
www.unterrichtsmaterial-schule.de/
www.wikibu.ch/index.php

(Die Verweise beziehen sich auf die jeweiligen Tipp-Nummern.)

99 Tipps für den Unterricht